SADI CARNOT

A L'ÂGE DE 17 ANS

d'après un portrait peint par Bailly en 1813

Gauthier-Villars, éditeur.

Imp. Lemercier & Cie Paris.

RÉFLEXIONS

SUR

LA PUISSANÇE MOTRICE DU FEU

ET SUR

LES MACHINES PROPRES A DÉVELOPPER CETTE PUISSANCE.

Le Mémoire de Sadi Carnot, *Réflexions sur la puissance motrice du feu*, etc., est extrait des *Annales scientifiques de l'École Normale supérieure*, 2ᵉ série, t. 1, 1872.

RÉFLEXIONS

SUR

LA PUISSANCE MOTRICE DU FEU

ET SUR

LES MACHINES PROPRES A DÉVELOPPER CETTE PUISSANCE,

PAR S. CARNOT,

ANCIEN ÉLÈVE DE L'ÉCOLE POLYTECHNIQUE.

PARIS,

GAUTHIER-VILLARS, IMPRIMEUR-LIBRAIRE

DU BUREAU DES LONGITUDES, DE L'ÉCOLE POLYTECHNIQUE,

SUCCESSEUR DE MALLET-BACHELIER,

Quai des Augustins, 55.

—

1878

Tous droits réservés.

RÉFLEXIONS

SUR LA

PUISSANCE MOTRICE

DU FEU

ET

SUR LES MACHINES

PROPRES A DÉVELOPPER CETTE PUISSANCE.

PAR S. CARNOT,

ANCIEN ÉLÈVE DE L'ÉCOLE POLYTECHNIQUE.

A PARIS,

CHEZ BACHELIER, LIBRAIRE,

QUAI DES AUGUSTINS, N°. 55.

1824

RÉFLEXIONS

LA PUISSANCE MOTRICE DU FEU

LES MACHINES PROPRES A DÉVELOPPER CETTE PUISSANCE (¹).

Personne n'ignore que la chaleur peut être la cause du mouvement, qu'elle possède même une grande puissance motrice : les machines à vapeur, aujourd'hui si répandues, en sont une preuve parlant à tous les yeux.

C'est à la chaleur que doivent être attribués les grands mouvements qui frappent nos regards sur la terre; c'est à elle que sont dues les agitations de l'atmosphère, l'ascension des nuages, la chute des pluies et des autres météores, les courants d'eau qui sillonnent la surface du globe et dont l'homme est parvenu à employer pour

---

(1) L'Ouvrage de Sadi Carnot, *Réflexions sur la puissance motrice du feu* (Paris, Bachelier, 1824), était complétement épuisé depuis longtemps. Tiré à un petit nombre d'exemplaires, ce mémorable travail est resté longtemps inconnu aux premiers auteurs de la Thermodynamique. C'est pour rendre service aux savants, privés de la lecture d'un Ouvrage resté presque inédit, pour rendre un hommage éclatant et exceptionnel à la mémoire de Sadi Carnot, que la Rédaction des *Annales scientifiques de l'École Normale supérieure* a publié (IIᵉ série, t. I, 1872) cet Ouvrage, qui est reproduit ici séparément.

son usage une faible partie; enfin les tremblements de terre, les éruptions volcaniques reconnaissent aussi pour cause la chaleur.

C'est dans cet immense réservoir que nous pouvons puiser la force mouvante nécessaire à nos besoins; la nature, en nous offrant de toutes parts le combustible, nous a donné la faculté de faire naître en tous temps et en tous lieux la chaleur et la puissance motrice qui en est la suite. Développer cette puissance, l'approprier à notre usage, tel est l'objet des machines à feu.

L'étude de ces machines est du plus haut intérêt, leur importance est immense, leur emploi s'accroît tous les jours; elles paraissent destinées à produire une grande révolution dans le monde civilisé.

Déjà la machine à feu exploite nos mines, fait mouvoir nos navires, creuse nos ports et nos rivières, forge le fer, façonne les bois, écrase les grains, file et ourdit nos étoffes, transporte les plus pesants fardeaux, etc.; elle semble devoir un jour servir de moteur universel et obtenir la préférence sur la force des animaux, les chutes d'eau et les courants d'air. Elle a, sur le premier de ces moteurs, l'avantage de l'économie; sur les deux autres, l'avantage inappréciable de pouvoir s'employer en tous temps et en tous lieux, et de ne jamais souffrir d'interruption dans son travail.

Si quelque jour les perfectionnements de la machine à feu s'étendent assez loin pour la rendre peu coûteuse en établissement et en combustible, elle réunira toutes les qualités désirables, et fera prendre aux arts industriels un essor dont il serait difficile de prévoir toute l'étendue.

Non-seulement, en effet, un moteur puissant et commode, que l'on peut se procurer ou transporter partout, se substitue aux moteurs déjà en usage, mais il fait prendre aux arts où on l'applique une extension rapide, il peut même créer des arts entièrement nouveaux.

Le service le plus signalé que la machine à feu ait rendu à l'Angleterre est, sans contredit, d'avoir ranimé l'exploitation de ses mines de houille, devenue languissante et qui menaçait de s'éteindre entièrement à cause de la difficulté toujours croissante des épuisements et de l'extraction du combustible (¹). On doit mettre sur le second

---

(¹) On peut affirmer que l'extraction de la houille a décuplé en Angleterre depuis l'invention des machines à feu. Il en est à peu près de même de l'extraction du cuivre, de l'étain

rang les services rendus à la fabrication du fer, tant par la houille, offerte avec abondance et substituée aux bois au moment où ceux-ci commençaient à s'épuiser, que par les machines puissantes de toutes espèces dont l'emploi de la machine à feu a permis ou facilité l'usage.

Le fer et le feu sont, comme on le sait, les aliments, les soutiens des arts mécaniques. Il n'existe peut-être pas en Angleterre un établissement d'industrie dont l'existence ne soit fondée sur l'usage de ces agents et qui ne les emploie avec profusion. Enlever aujourd'hui à l'Angleterre ses machines à vapeur, ce serait lui ôter à la fois la houille et le fer; ce serait tarir toutes ses sources de richesse, ruiner tous ses moyens de prospérité; ce serait anéantir cette puissance colossale. La destruction de sa marine, qu'elle regarde comme son plus ferme appui, lui serait peut-être moins funeste.

La navigation sûre et rapide des bâtiments à vapeur peut être regardée comme un art entièrement nouveau dû aux machines à feu. Déjà cet art a permis l'établissement de communications promptes et régulières sur les bras de mer, sur les grands fleuves de l'ancien et du nouveau continent. Il a permis de parcourir des régions encore sauvages, où naguère on ne pouvait à peine pénétrer; il a permis de porter les fruits de la civilisation sur des points du globe où ils eussent été attendus encore bien des années. La navigation due aux machines à feu rapproche en quelque sorte les unes des autres les nations les plus lointaines; elle tend à réunir entre eux les peuples de la terre comme s'ils habitaient tous une même contrée. Diminuer en effet le temps, les fatigues, les incertitudes et les dangers des voyages, n'est-ce pas abréger beaucoup les distances (¹)?

La découverte des machines à feu a dû, comme la plupart des inventions humaines, sa naissance à des essais presque informes, essais qui

---

et du fer. L'effet produit, il y a un demi-siècle, par la machine à feu sur les mines d'Angleterre se répète aujourd'hui sur les mines d'or et d'argent du nouveau monde, mines dont l'exploitation déclinait de jour en jour, principalement à cause de l'insuffisance des moteurs employés aux épuisements et à l'extraction des minerais.

(¹) Nous disons diminuer les dangers des voyages : en effet, quoique l'emploi de la machine à feu sur un navire offre quelques dangers, que l'on s'est beaucoup exagérés, ils sont compensés et au delà par la faculté de se tenir toujours sur une route frayée et bien connue, de résister à l'effort des vents lorsqu'ils poussent le navire contre les côtes, contre les basfonds ou contre les écueils.

ont été attribués à diverses personnes et dont on ne connait pas bien le véritable auteur. C'est, au reste, moins dans ces premiers essais que consiste la principale découverte que dans les perfectionnements successifs qui ont amené les machines à feu à l'état où nous les voyons aujourd'hui. Il y a à peu près autant de distance entre les premiers appareils où l'on a développé la force expansive de la vapeur et les machines actuelles qu'entre le premier radeau que les hommes ont formé et le vaisseau de haut bord.

Si l'honneur d'une découverte appartient à la nation où elle a acquis tout son accroissement, tous ses développements, cet honneur ne peut être ici refusé à l'Angleterre : Savery, Newcomen, Smeathon, le célèbre Watt, Woolf, Trevetick et quelques autres ingénieurs anglais sont les véritables créateurs de la machine à feu; elle a acquis entre leurs mains tous ses degrés successifs de perfectionnement. Il est naturel, au reste, qu'une invention prenne naissance et surtout se développe, se perfectionne, là où le besoin s'en fait le plus impérieusement sentir.

Malgré les travaux de tous genres entrepris sur les machines à feu, malgré l'état satisfaisant où elles sont aujourd'hui parvenues, leur théorie est fort peu avancée, et les essais d'amélioration tentés sur elles sont encore dirigés presque au hasard.

On a souvent agité la question de savoir si la puissance motrice [1] de la chaleur est limitée ou si elle est sans bornes; si les perfectionnements possibles des machines à feu ont un terme assignable, terme que la nature des choses empêche de dépasser par quelque moyen que ce soit, ou si, au contraire, ces perfectionnements sont susceptibles d'une extension indéfinie. On a aussi cherché longtemps, et l'on cherche encore aujourd'hui, s'il n'existerait pas des agents préférables à la vapeur d'eau pour développer la valeur motrice du feu; si l'air atmosphérique, par exemple, ne présenterait pas, à cet égard, de grands avantages. Nous nous proposons de soumettre ici ces questions à un examen réfléchi.

---

[1] Nous nous servons ici de l'expression puissance motrice pour désigner l'effet utile qu'un moteur est capable de produire. Cet effet peut toujours être assimilé à l'élévation d'un poids à une certaine hauteur; il a, comme on sait, pour mesure le produit du poids, multiplié par la hauteur dont il est censé élevé.

Le phénomène de la production du mouvement par la chaleur n'a pas été considéré sous un point de vue assez général. On l'a considéré seulement dans des machines dont la nature et le mode d'action ne lui permettaient pas de prendre toute l'étendue dont il est susceptible. Dans de pareilles machines, le phénomène se trouve en quelque sorte tronqué, incomplet; il devient difficile de reconnaître ses principes et d'étudier ses lois.

Pour envisager dans toute sa généralité le principe de la production du mouvement par la chaleur, il faut le concevoir indépendamment d'aucun mécanisme, d'aucun agent particulier; il faut établir des raisonnements applicables, non-seulement aux machines à vapeur (¹), mais à toute machine à feu imaginable, quelle que soit la substance mise en œuvre et quelle que soit la manière dont on agisse sur elle.

Les machines qui ne reçoivent pas leur mouvement de la chaleur, celles qui ont pour moteur la force des hommes ou des animaux, une chute d'eau, un courant d'air, etc., peuvent être étudiées jusque dans leurs moindres détails par la théorie mécanique. Tous les cas sont prévus, tous les mouvements imaginables sont soumis à des principes généraux solidement établis et applicables en toute circonstance. C'est là le caractère d'une théorie complète. Une semblable théorie manque évidemment pour les machines à feu. On ne la possédera que lorsque les lois de la Physique seront assez étendues, assez généralisées, pour faire connaître à l'avance tous les effets de la chaleur agissant d'une manière déterminée sur un corps quelconque.

Nous supposerons, dans ce qui va suivre, une connaissance au moins superficielle des diverses parties qui composent une machine à vapeur ordinaire. Ainsi nous jugeons inutile d'expliquer ce que c'est que foyer, chaudière, cylindre à vapeur, piston, condenseur, etc.

La production du mouvement dans les machines à vapeur est toujours accompagnée d'une circonstance sur laquelle nous devons fixer l'attention. Cette circonstance est le rétablissement d'équilibre dans le calorique, c'est-à-dire son passage d'un corps où la température est

---

(¹) Nous distinguons ici la machine à vapeur de la machine à feu en général. Celle-ci peut faire usage d'un agent quelconque, de la vapeur d'eau ou de tout autre, pour réaliser la puissance motrice de la chaleur.

plus ou moins élevée à un autre où elle est plus basse. Qu'arrive-t-il, en effet, dans une machine à vapeur actuellement en activité? Le calorique, développé dans le foyer par l'effet de la combustion, traverse les parois de la chaudière, vient donner naissance à de la vapeur, s'y incorpore en quelque sorte. Celle-ci, l'entraînant avec elle, le porte d'abord dans le cylindre, où il remplit un office quelconque, et de là dans le condenseur, où elle se liquéfie par le contact de l'eau froide qui s'y rencontre. L'eau froide du condenseur s'empare donc, en dernier résultat, du calorique développé par la combustion. Elle s'échauffe par l'intermédiaire de la vapeur, comme si elle eût été placée directement sur le foyer. La vapeur n'est ici qu'un moyen de transporter le calorique; elle remplit le même office que dans le chauffage des bains par la vapeur, à l'exception que, dans le cas où nous sommes, son mouvement est rendu utile.

On reconnaît facilement, dans les opérations que nous venons de décrire, le rétablissement d'équilibre dans le calorique, son passage d'un corps plus ou moins échauffé à un corps plus froid. Le premier de ces corps est ici l'air brûlé du foyer, le second est l'eau de condensation. Le rétablissement d'équilibre du calorique se fait entre eux, si ce n'est complétement, du moins en partie : car, d'une part, l'air brûlé, après avoir rempli son office, après avoir enveloppé la chaudière, s'échappe par la cheminée avec une température bien moindre que celle qu'il avait acquise par l'effet de la combustion ; et, d'autre part, l'eau du condenseur, après avoir liquéfié la vapeur, s'éloigne de la machine avec une température supérieure à celle qu'elle y avait apportée.

La production de la puissance motrice est donc due, dans les machines à vapeur, non à une consommation réelle du calorique, *mais à son transport d'un corps chaud à un corps froid*, c'est-à-dire à son rétablissement d'équilibre, équilibre supposé rompu par quelque cause que ce soit, par une action chimique, telle que la combustion, ou par toute autre. Nous verrons bientôt que ce principe est applicable à toute machine mise en mouvement par la chaleur.

D'après ce principe, il ne suffit pas, pour donner naissance à la puissance motrice, de produire de la chaleur : il faut encore se procurer du froid; sans lui, la chaleur serait inutile. Et en effet, si l'on ne rencon-

trait autour de soi que des corps aussi chauds que nos foyers, comment
parviendrait-on à condenser la vapeur ? où la placerait-on une fois
qu'elle aurait pris naissance ? Il ne faudrait pas croire que l'on pût,
ainsi que cela se pratique dans certaines machines (1), la rejeter dans
l'atmosphère : l'atmosphère ne la recevrait pas. Elle ne la reçoit, dans
l'état actuel des choses, que parce qu'elle remplit pour elle l'office d'un
vaste condenseur, parce qu'elle se trouve à une température plus froide :
autrement elle en serait bientôt remplie, ou plutôt elle en serait d'avance
saturée (2).

Partout où il existe une différence de température, partout où il
peut y avoir rétablissement d'équilibre du calorique, il peut y avoir
aussi production de puissance motrice. La vapeur d'eau est un moyen
de réaliser cette puissance, mais elle n'est pas le seul : tous les corps
de la nature peuvent être employés à cet usage; tous sont susceptibles
de changements de volume, de contractions et de dilatations successives par des alternatives de chaleur et de froid; tous sont capables de
vaincre, dans leurs changements de volume, certaines résistances, et de
développer ainsi la puissance motrice. Un corps solide, une barre métallique, par exemple, alternativement chauffée et refroidie, augmente et
diminue de longueur, et peut mouvoir des corps fixés à ses extrémités.
Un liquide alternativement chauffé et refroidi augmente et diminue
de volume et peut vaincre des obstacles plus ou moins grands opposés
à sa dilatation. Un fluide aériforme est susceptible de changements

---

(1) Certaines machines à haute pression rejettent la vapeur dans l'atmosphère au lieu de
la condenser. On les emploie particulièrement dans les lieux où il serait difficile de se procurer un courant d'eau froide suffisant pour opérer la condensation.

(2) L'existence de l'eau à l'état liquide, admise nécessairement ici, puisque sans elle les
machines à vapeur ne pourraient pas s'alimenter, suppose l'existence d'une pression capable
d'empêcher cette eau de se vaporiser, par conséquent d'une pression égale ou supérieure à la
tension de la vapeur, eu égard à la température. Si une pareille pression n'était pas exercée
par l'air atmosphérique, il s'élèverait à l'instant une quantité de vapeur d'eau suffisante pour
l'exercer sur elle-même; et il faudrait toujours surmonter cette pression, pour rejeter la vapeur des machines dans la nouvelle atmosphère. Or cela équivaudrait évidemment à surmonter la tension qui reste à la vapeur après sa condensation effectuée par les moyens ordinaires.

Si une température très-élevée régnait à la surface de notre globe, comme il ne paraît pas
douteux qu'elle règne dans son intérieur, toutes les eaux de l'Océan existeraient en vapeur
dans l'atmosphère, et il ne s'en rencontrerait aucune portion à l'état liquide.

considérables de volume par les variations de température : s'il est renfermé dans une capacité extensible, telle qu'un cylindre muni d'un piston, il produira des mouvements d'une grande étendue. Les vapeurs de tous les corps susceptibles de passer à l'état gazeux, de l'alcool, du mercure, du soufre, etc., pourraient remplir le même office que la vapeur d'eau. Celle-ci, alternativement chauffée et refroidie, produirait de la puissance motrice à la manière des gaz permanents, c'est-à-dire sans jamais retourner à l'état liquide. La plupart de ces moyens ont été proposés, plusieurs même ont été essayés, quoique ce soit jusqu'ici sans succès remarquable.

Nous avons fait voir que, dans les machines à vapeur, la puissance motrice est due à un rétablissement d'équilibre dans le calorique : cela a lieu, non-seulement pour les machines à vapeur, mais aussi pour toute machine à feu, c'est-à-dire pour toute machine dont le calorique est le moteur. La chaleur ne peut évidemment être une cause de mouvement qu'en vertu des changements de volume ou de forme qu'elle fait subir aux corps ; ces changements ne sont pas dus à une constance de température, mais bien à des alternatives de chaleur et de froid ; or, pour échauffer une substance quelconque, il faut un corps plus chaud qu'elle ; pour la refroidir, il faut un corps plus froid. On prend nécessairement du calorique au premier de ces corps pour le transmettre au second par le moyen de la substance intermédiaire. C'est là rétablir, ou du moins travailler à rétablir l'équilibre du calorique.

Il est naturel de se faire ici cette question à la fois curieuse et importante : La puissance motrice de la chaleur est-elle immuable en quantité, ou varie-t-elle avec l'agent dont on fait usage pour la réaliser avec la substance intermédiaire, choisie comme sujet d'action de la chaleur ?

Il est clair que cette question ne peut être faite que pour une quantité de calorique donnée (¹), la différence des températures étant

---

(¹) Nous jugeons inutile d'expliquer ici ce que c'est que quantité de calorique ou quantité de chaleur (car nous employons indifféremment les deux expressions), ni de décrire comment on mesure ces quantités par le calorimètre. Nous n'expliquerons pas non plus ce que c'est que chaleur latente, degré de température, chaleur spécifique, etc. ; le lecteur doit être familiarisé avec ces expressions par l'étude des Traités élémentaires de Physique ou de Chimie.

également donnée. On dispose, par exemple, d'un corps A, maintenu à la température 100 degrés, et d'un autre corps B, maintenu à la température 0 degré, et l'on demande quelle quantité de puissance motrice peut naître par le transport d'une portion donnée de calorique (par exemple, celle qui est nécessaire pour fondre un kilogramme de glace) du premier de ces corps au second; on demande si cette quantité de puissance motrice est nécessairement limitée, si elle varie avec la substance employée à la réaliser, si la vapeur d'eau offre à cet égard plus ou moins d'avantage que la vapeur d'alcool, de mercure, qu'un gaz permanent ou que toute autre substance.

Nous essayerons de résoudre ces questions en faisant usage des notions précédemment établies.

On a remarqué plus haut ce fait évident par lui-même, ou qui du moins devient sensible dès que l'on réfléchit aux changements de volume occasionnés par la chaleur : *partout où il existe une différence de température, il peut y avoir production de puissance motrice.* Réciproquement, partout où l'on peut consommer de cette puissance, il est possible de faire naître une différence de température, il est possible d'occasionner une rupture d'équilibre dans le calorique. La percussion, le frottement des corps ne sont-ils pas en effet des moyens d'élever leur température, de la faire arriver spontanément à un degré plus haut que celui des corps environnants, et par conséquent de produire une rupture d'équilibre dans le calorique, là où existait auparavant cet équilibre? C'est un fait d'expérience que la température des fluides gazeux s'élève par la compression et s'abaisse par la raréfaction. Voilà un moyen certain de changer la température des corps et de rompre l'équilibre du calorique autant de fois qu'on le voudra avec la même substance. La vapeur d'eau, employée d'une manière inverse de celle où on l'emploie dans les machines à vapeur, peut aussi être regardée comme un moyen de rompre l'équilibre du calorique. Pour s'en convaincre, il suffit de réfléchir attentivement à la manière dont se développe la puissance motrice par l'action de la chaleur sur la vapeur d'eau. Concevons deux corps, A et B, entretenus chacun à une température constante, celle de A étant plus élevée que celle de B : ces deux corps, auxquels on peut donner ou enlever de la chaleur sans faire varier leur température, feront les fonctions de deux réservoirs indéfinis de calorique. Nous nommerons le premier foyer et le second réfrigérant.

Si l'on veut donner naissance à de la puissance motrice par le transport d'une certaine quantité de chaleur du corps A au corps B, on pourra procéder de la manière suivante :

1° Emprunter du calorique au corps A pour en former de la vapeur, c'est-à-dire faire remplir à ce corps les fonctions du foyer, ou plutôt du métal composant la chaudière, dans les machines ordinaires ; nous supposerons ici que la vapeur prend naissance à la température même du corps A.

2° La vapeur ayant été reçue dans une capacité extensible, telle qu'un cylindre muni d'un piston, augmenter le volume de cette capacité et par conséquent aussi celui de la vapeur. Ainsi raréfiée, elle descendra spontanément de température, comme cela arrive pour tous les fluides élastiques : admettons que la raréfaction soit poussée jusqu'au point où la température devient précisément celle du corps B.

3° Condenser la vapeur en la mettant en contact avec le corps B, et en exerçant en même temps sur elle une pression constante, jusqu'à ce qu'elle soit entièrement liquéfiée. Le corps B remplit ici le rôle de l'eau d'injection dans les machines ordinaires, avec cette différence qu'il condense la vapeur sans se mêler avec elle et sans changer lui-même de température ([1]).

Les opérations que nous venons de décrire eussent pu être faites dans un sens et dans un ordre inverses. Rien n'empêchait de former de la vapeur avec le calorique du corps B, et, à la température de ce corps, de la comprimer de manière à lui faire acquérir la température du corps A, enfin de la condenser par son contact avec ce dernier

---

([1]) On s'étonnera peut-être ici que le corps B, se trouvant à la même température que la vapeur, puisse la condenser. Sans doute cela n'est pas rigoureusement possible ; mais la plus petite différence de température déterminera la condensation, ce qui suffit pour établir la justesse de notre raisonnement. C'est ainsi que, dans le calcul différentiel, il suffit que l'on puisse concevoir les quantités négligées, indéfiniment réductibles par rapport aux quantités conservées dans les équations, pour acquérir la certitude du résultat définitif.

Le corps B condense la vapeur sans changer lui-même de température ; cela résulte de notre supposition. Nous avons admis que ce corps était maintenu à une température constante. On lui enlève le calorique à mesure que la vapeur le lui fournit. C'est le cas où se trouve le métal du condenseur, lorsque la liquéfaction de la vapeur s'exécute en appliquant

corps, et cela en continuant la compression jusqu'à une liquéfaction complète.

Par nos premières opérations, il y avait eu à la fois production de puissance motrice et transport du calorique du corps A au corps B; par les opérations inverses, il y a à la fois dépense de puissance motrice et retour du calorique du corps B au corps A. Mais si l'on a agi de part et d'autre sur la même quantité de vapeur, s'il ne s'est fait aucune perte ni de puissance motrice ni de calorique, la quantité de puissance motrice produite dans le premier cas sera égale à celle qui aura été dépensée dans le second, et la quantité de calorique passée, dans le premier cas, du corps A au corps B sera égale à la quantité qui repasse, dans le second, du corps B au corps A, de sorte qu'on pourrait faire un nombre indéfini d'opérations alternatives de ce genre, sans qu'il y eût en somme ni puissance motrice produite, ni calorique passé d'un corps à l'autre.

Or, s'il existait des moyens d'employer la chaleur préférables à ceux dont nous avons fait usage, c'est-à-dire s'il était possible, par quelque méthode que ce fût, de faire produire au calorique une quantité de puissance motrice plus grande que nous ne l'avons fait par notre première série d'opérations, il suffirait de distraire une portion de cette puissance pour faire remonter, par la méthode qui vient d'être indiquée, le calorique du corps B au corps A, du réfrigérant au foyer, pour rétablir les choses dans leur état primitif, et se mettre par là en mesure de recommencer une opération entièrement semblable à la première, et ainsi de suite : ce serait là, non-seulement le mouvement perpétuel, mais une création indéfinie de force motrice sans consommation ni de calorique, ni de quelque autre agent que ce soit. Une semblable création est tout à fait contraire aux idées reçues jusqu'à présent, aux lois de la Méca-

---

l'eau froide extérieurement, chose pratiquée autrefois dans plusieurs machines. C'est ainsi que l'eau d'un réservoir pourrait être maintenue à un niveau constant, si le liquide s'écoulait d'un côté, tandis qu'il arrive de l'autre.

On pourrait même concevoir les corps A et B se maintenant d'eux-mêmes à une température constante, quoique pouvant perdre ou acquérir certaines quantités de chaleur. Si, par exemple, le corps A était une masse de vapeur prête à se liquéfier, et le corps B une masse de glace prête à se fondre, ces corps pourraient, comme on sait, fournir ou recevoir du calorique sans changer de degré thermométrique.

nique et de la saine Physique; elle est inadmissible (¹). On doit donc conclure que *le maximum de puissance motrice résultant de l'emploi de la vapeur est aussi le maximum de puissance motrice réalisable par quelque moyen que ce soit.* Nous donnerons, au reste, bientôt une seconde démonstration plus rigoureuse de ce théorème. Celle-ci ne doit être considérée que comme un aperçu (*voir* page 15).

On est en droit de nous faire, au sujet de la proposition qui vient d'être énoncée, la question suivante : Quel est ici le sens du mot *maximum*? A quel signe reconnaîtra-t-on que ce maximum est atteint? A quel signe reconnaîtra-t-on si la vapeur est employée le plus avantageusement possible à la production de la puissance motrice?

Puisque tout rétablissement d'équilibre dans le calorique peut être la cause de la production de la puissance motrice, tout rétablissement d'équilibre qui se fera sans production de cette puissance devra être considéré comme une véritable perte : or, pour peu qu'on y réfléchisse, on s'apercevra que tout changement de température qui n'est

---

(¹) On objectera peut-être ici que le mouvement perpétuel, démontré impossible par les seules actions mécaniques, ne l'est peut-être pas lorsqu'on emploie l'influence, soit de la chaleur, soit de l'électricité; mais peut-on concevoir les phénomènes de la chaleur et de l'électricité comme dus à autre chose qu'à des mouvements quelconques de corps, et comme tels ne doivent-ils pas être soumis aux lois générales de la Mécanique? Ne sait-on pas d'ailleurs *à posteriori* que toutes les tentatives faites pour produire le mouvement perpétuel, par quelque moyen que ce soit, ont été infructueuses? que l'on n'est jamais parvenu à produire un mouvement véritablement perpétuel, c'est-à-dire un mouvement qui se continuât toujours sans altération dans les corps mis en œuvre pour le réaliser?

On a regardé quelquefois l'appareil électromoteur (la pile de Volta) comme capable de produire le mouvement perpétuel; on a cherché à réaliser cette idée en construisant des piles sèches, prétendues inaltérables; mais, quoi que l'on ait pu faire, l'appareil a toujours éprouvé des détériorations sensibles lorsque son action a été soutenue pendant un certain temps avec quelque énergie.

L'acception générale et philosophique des mots *mouvement perpétuel* doit comprendre, non pas seulement un mouvement susceptible de se prolonger indéfiniment après une première impulsion reçue, mais l'action d'un appareil, d'un assemblage quelconque, capable de créer la puissance motrice en quantité illimitée, capable de tirer successivement du repos tous les corps de la nature, s'ils s'y trouvaient plongés, de détruire en eux le principe de l'inertie, capable enfin de puiser en lui-même les forces nécessaires pour mouvoir l'univers tout entier, pour prolonger, pour accélérer incessamment son mouvement. Telle serait une véritable création de puissance motrice. Si elle était possible, il serait inutile de chercher dans les courants d'eau et d'air, dans les combustibles, cette puissance motrice; nous en aurions à notre disposition une source intarissable où nous pourrions puiser à volonté.

pas dû à un changement de volume des corps ne peut être qu'un rétablissement inutile d'équilibre dans le calorique (¹). La condition nécessaire du maximum est donc *qu'il ne se fasse dans les corps employés
à réaliser la puissance motrice de la chaleur aucun changement de température qui ne soit dû à un changement de volume.* Réciproquement,
toutes les fois que cette condition sera remplie, le maximum sera atteint.

Ce principe ne doit jamais être perdu de vue dans la construction
des machines à feu; il en est la base fondamentale. Si l'on ne peut pas
l'observer rigoureusement, il faut du moins s'en écarter le moins possible.

Tout changement de température qui n'est pas dû à un changement
de volume ou à une action chimique (action que provisoirement nous
supposons ne pas se rencontrer ici) est nécessairement dû au passage
direct du calorique d'un corps plus ou moins échauffé à un corps plus
froid. Ce passage a lieu principalement au contact de corps de températures diverses : aussi un pareil contact doit-il être évité autant que
possible. Il ne peut pas être évité complétement, sans doute; mais il
faut du moins faire en sorte que les corps mis en contact les uns avec
les autres diffèrent peu entre eux de température.

Lorsque nous avons supposé tout à l'heure, dans notre démonstration, le calorique du corps A employé à former de la vapeur, cette
vapeur était censée prendre naissance à la température même du
corps A : ainsi le contact n'avait lieu qu'entre des corps de températures égales; le changement de température arrivé ensuite dans la vapeur était dû à la dilatation, par conséquent à un changement de volume; enfin la condensation s'opérait aussi sans contact de corps de
températures diverses. Elle s'opérait en exerçant une pression constante sur la vapeur mise en contact avec le corps B de même température qu'elle. Les conditions du maximum se trouvaient donc rem-
plies. A la vérité, les choses ne peuvent pas se passer rigoureusement
comme nous l'avons supposé. Pour déterminer le passage du calorique

---

(¹) Nous ne supposons ici aucune action chimique entre les corps mis en usage pour réaliser la puissance motrice de la chaleur. L'action chimique qui se passe dans le foyer est une
action en quelque sorte préliminaire, une opération destinée, non à produire immédiatement
de la puissance motrice, mais à rompre l'équilibre du calorique, à produire une différence de
température qui doit ensuite donner naissance au mouvement.

d'un corps à l'autre, il faut dans le premier un excès de température; mais cet excès peut être supposé aussi petit qu'on le voudra; on peut le regarder comme nul en théorie, sans que pour cela les raisonnements perdent rien de leur exactitude.

On peut faire à notre démonstration une objection plus réelle, que voici :

Lorsque l'on emprunte du calorique au corps A pour donner naissance à de la vapeur, et que cette vapeur est ensuite condensée par son contact avec le corps B, l'eau employée à la former, et que l'on supposait d'abord à la température du corps A, se trouve, à la fin de l'opération, à la température du corps B; elle s'est refroidie. Si l'on veut recommencer une opération semblable à la première, si l'on veut développer une nouvelle quantité de puissance motrice avec le même instrument, avec la même vapeur, il faut d'abord rétablir les choses dans leur état primitif, il faut rendre à l'eau le degré de température qu'elle avait d'abord. Cela peut se faire sans doute en la remettant immédiatement en contact avec le corps A; mais il y a alors contact entre des corps de températures diverses et perte de puissance motrice (¹) : il deviendrait impossible d'exécuter l'opération inverse, c'est-à-dire de faire retourner au corps A le calorique employé à élever la température du liquide.

Cette difficulté peut être levée en supposant la différence de température entre le corps A et le corps B infiniment petite; la quantité de chaleur nécessaire pour reporter le liquide à sa température première sera aussi infiniment petite et négligeable relativement à celle qui est nécessaire pour donner naissance à la vapeur, quantité toujours finie.

La proposition, se trouvant d'ailleurs démontrée pour le cas où la

---

(¹) Ce genre de perte se rencontre dans toutes les machines à vapeur. En effet, l'eau destinée à alimenter la chaudière est toujours plus froide que l'eau qui y est déjà contenue; il se fait entre elles un rétablissement inutile d'équilibre dans le calorique. On se convaincra aisément *à posteriori* que ce rétablissement d'équilibre entraîne une perte de puissance motrice, si l'on réfléchit qu'il eût été possible d'échauffer préalablement l'eau d'alimentation en l'employant comme eau de condensation dans une petite machine accessoire, où l'on eût fait usage de la vapeur tirée de la grande chaudière, et où la condensation se fût opérée à une température intermédiaire entre celle de la chaudière et celle du condenseur principal. La force produite par la petite machine n'eût coûté aucune dépense de chaleur, puisque toute celle qui eût été employée serait rentrée dans la chaudière avec l'eau de condensation.

différence entre les températures des deux corps est infiniment petite, sera facilement étendue au cas général. En effet, s'il s'agissait de faire naître la puissance motrice par le transport du calorique du corps A au corps Z, la température de ce dernier corps étant fort différente de celle du premier, on imaginerait une suite de corps B, C, D,... de températures intermédiaires entre celles des corps A, Z, et choisies de manière que les différences de A à B, de B à C,... soient toutes infiniment petites. Le calorique émané de A n'arriverait à Z qu'après avoir passé par les corps B, C, D,..., et après avoir développé dans chacun de ses transports le maximum de puissance motrice. Les opérations inverses seraient ici toutes possibles, et le raisonnement de la page 10 deviendrait rigoureusement applicable.

D'après les notions établies jusqu'à présent, on peut comparer avec assez de justesse la puissance motrice de la chaleur à celle d'une chute d'eau : toutes deux ont un maximum que l'on ne peut pas dépasser, quelle que soit d'une part la machine employée à recevoir l'action de l'eau, et quelle que soit de l'autre la substance employée à recevoir l'action de la chaleur. La puissance motrice d'une chute d'eau dépend de sa hauteur et de la quantité du liquide; la puissance motrice de la chaleur dépend aussi de la quantité de calorique employé et de ce qu'on pourrait nommer, de ce que nous appellerons en effet la *hauteur de sa chute* (¹), c'est-à-dire de la différence de température des corps entre lesquels se fait l'échange du calorique. Dans la chute d'eau, la puissance motrice est rigoureusement proportionnelle à la différence de niveau entre le réservoir supérieur et le réservoir inférieur. Dans la chute du calorique, la puissance motrice augmente sans doute avec la différence de température entre le corps chaud et le corps froid; mais nous ignorons si elle est proportionnelle à cette différence. Nous ignorons, par exemple, si la chute du calorique de 100 à 50 degrés fournit plus ou moins de puissance motrice que la chute de ce même calorique de 50 degrés à zéro. C'est une question que nous nous proposons d'examiner plus tard.

Nous allons donner ici une seconde démonstration de la proposition

____

(¹) La matière ici traitée étant tout à fait nouvelle, nous sommes forcé d'employer des expressions encore inusitées et qui n'ont peut-être pas toute la clarté désirable.

fondamentale énoncée page 12, et présenter cette proposition sous une forme plus générale que nous ne l'avons fait ci-dessus.

Lorsqu'un fluide gazeux est rapidement comprimé, sa température s'élève; elle s'abaisse au contraire lorsqu'il est rapidement dilaté. C'est là un des faits les mieux constatés par l'expérience : nous le prendrons pour base de notre démonstration (¹).

(¹) Les faits d'expérience qui prouvent le mieux le changement de température des gaz par la compression ou la dilatation sont les suivants :

1° L'abaissement du thermomètre placé sous le récipient d'une machine pneumatique où l'on fait le vide. Cet abaissement est très-sensible sur le thermomètre de Bréguet : il peut aller au delà de 40 à 50 degrés. Le nuage qui se forme dans cette occasion semble devoir être attribué à la condensation de la vapeur d'eau causée par le refroidissement de l'air;

2° L'inflammation de l'amadou dans les briquets dits pneumatiques, qui sont, comme on sait, de petits corps de pompe où l'on fait éprouver à l'air une compression rapide;

3° L'abaissement du thermomètre placé dans une capacité où, après avoir comprimé de l'air, on le laisse échapper par l'ouverture d'un robinet;

4° Les résultats d'expériences sur la vitesse du son. M. de Laplace a fait voir que, pour soumettre exactement ces résultats à la théorie et au calcul, il fallait admettre l'échauffement de l'air par une compression subite.

Le seul fait qui puisse être opposé à ceux-ci est une expérience de MM. Gay-Lussac et Welter, décrite dans les *Annales de Chimie et de Physique.* Une petite ouverture ayant été faite à un vaste réservoir d'air comprimé, et la boule d'un thermomètre ayant été présentée au courant d'air qui sortait par cette ouverture, on n'a pas observé d'abaissement sensible dans le degré de température marqué par le thermomètre.

On peut donner à ce fait deux explications : 1° le frottement de l'air contre les parois de l'ouverture par laquelle il s'échappe développe peut-être de la chaleur en quantité notable; 2° l'air qui vient toucher immédiatement la boule du thermomètre reprend peut-être par son choc contre cette boule, ou plutôt par l'effet du détour qu'il est forcé de prendre à sa rencontre, une densité égale à celle qu'il avait dans le récipient, à peu près comme l'eau d'un courant s'élève, contre un obstacle fixe, au-dessus de son niveau.

Le changement de température occasionné dans les gaz par le changement de volume peut être regardé comme l'un des faits les plus importants de la Physique, à cause des nombreuses conséquences qu'il entraîne, et en même temps comme l'un des plus difficiles à éclaircir et à mesurer par des expériences décisives. Il semble présenter dans plusieurs circonstances des anomalies singulières.

N'est-ce pas au refroidissement de l'air par la dilatation qu'il faut attribuer le froid des régions supérieures de l'atmosphère? Les raisons données jusqu'ici pour expliquer ce froid sont tout à fait insuffisantes; on a dit que l'air des régions élevées, recevant peu de chaleur réfléchie par la terre, et rayonnant lui-même vers les espaces célestes, devait perdre du calorique, et que c'était là la cause de son refroidissement; mais cette explication se trouve détruite si l'on remarque qu'à égale hauteur le froid règne aussi bien et même avec plus d'intensité sur les plaines élevées que sur le sommet des montagnes ou que dans les parties d'atmosphère éloignées du sol.

Si, lorsqu'un gaz s'est élevé de température par l'effet de la compression, on veut le ramener à sa température primitive sans faire subir à son volume de nouveaux changements, il faut lui enlever du calorique. Ce calorique pourrait aussi être enlevé à mesure que la compression s'exécute, de manière que la température du gaz restât constante. De même, si le gaz est raréfié, on peut éviter qu'il ne baisse de température en lui fournissant une certaine quantité de calorique. Nous appellerons le calorique employé dans ces occasions, où il ne se fait aucun changement de température, *calorique dû au changement de volume.* Cette dénomination n'indique pas que le calorique appartienne au volume; il ne lui appartient pas plus qu'il n'appartient à la pression, et pourrait être tout aussi bien appelé *calorique dû au changement de pression.* Nous ignorons quelles lois il suit relativement aux variations de volume : il est possible que sa quantité change, soit avec la nature du gaz, soit avec sa densité, soit avec sa température. L'expérience ne nous a rien appris sur ce sujet; elle nous a appris seulement que ce calorique se développe en quantité plus ou moins grande par la compression des fluides élastiques.

Cette notion préliminaire étant posée, imaginons un fluide élastique,

Fig. 1.

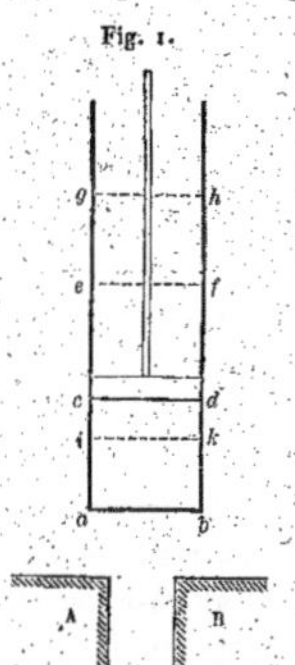

de l'air atmosphérique, par exemple, renfermé dans un vaisseau cylindrique *abcd* (*fig.* 1), muni d'un diaphragme mobile ou piston *cd*;

3

soient en outre les deux corps A, B, entretenus chacun à une température constante, celle de A étant plus élevée que celle de B; figurons-
nous maintenant la suite des opérations qui vont être décrites :

1° Contact du corps A avec l'air renfermé dans la capacité *abcd*, ou
avec la paroi de cette capacité, paroi que nous supposerons transmettre
facilement le calorique. L'air se trouve par ce contact à la température
même du corps A; *cd* est la position actuelle du piston.

2° Le piston s'élève graduellement et vient prendre la position *ef*. Le
contact a toujours lieu entre le corps A et l'air, qui se trouve ainsi maintenu à une température constante pendant la raréfaction. Le corps A fournit le calorique nécessaire pour maintenir la constance de température.

3° Le corps A est éloigné, et l'air ne se trouve plus en contact avec
aucun corps capable de lui fournir du calorique; le piston continue
cependant à se mouvoir, et passe de la position *ef* à la position *gh*. L'air
se raréfie sans recevoir de calorique, et sa température s'abaisse. Imaginons qu'elle s'abaisse ainsi jusqu'à devenir égale à celle du corps B :
à ce moment le piston s'arrête et occupe la position *gh*.

4° L'air est mis en contact avec le corps B; il est comprimé par le
retour du piston, que l'on ramène de la position *gh* à la position *cd*.
Cet air reste cependant à une température constante, à cause de son
contact avec le corps B, auquel il cède son calorique.

5° Le corps B est écarté, et l'on continue la compression de l'air,
qui, se trouvant alors isolé, s'élève de température. La compression est
continuée jusqu'à ce que l'air ait acquis la température du corps A. Le
piston passe pendant ce temps de la position *cd* à la position *ik*.

6° L'air est remis en contact avec le corps A; le piston retourne de
la position *ik* à la position *ef*; la température demeure invariable.

7° La période décrite sous le n° 3 se renouvelle, puis successivement les périodes 4, 5, 6, 3, 4, 5, 6, 3, 4, 5, et ainsi de suite.

Dans ces diverses opérations, le piston éprouve un effort plus ou
moins grand de la part de l'air renfermé dans le cylindre; la force
élastique de cet air varie, tant à cause des changements de volume que
des changements de température; mais on doit remarquer qu'à volume
égal, c'est-à-dire pour des positions semblables du piston, la température se trouve plus élevée pendant les mouvements de dilatation que
pendant les mouvements de compression. Pendant les premiers, la

force élastique de l'air se trouve donc plus grande, et par conséquent la quantité de puissance motrice produite par les mouvements de dilatation est plus considérable que celle qui est consommée pour produire les mouvements de compression. Ainsi l'on obtiendra un excédant de puissance motrice, excédant dont on pourra disposer pour des usages quelconques. L'air nous a donc servi de machine à feu; nous l'avons même employé de la manière la plus avantageuse possible, car il ne s'est fait aucun rétablissement inutile d'équilibre dans le calorique.

Toutes les opérations ci-dessus décrites peuvent être exécutées dans un sens et dans un ordre inverses. Imaginons qu'après la sixième période, c'est-à-dire le piston étant arrivé à la position *ef*, on le fasse revenir à la position *ik*, et qu'en même temps on maintienne l'air en contact avec le corps A : le calorique fourni par ce corps, pendant la sixième période, retournera à sa source, c'est-à-dire au corps A, et les choses se trouveront dans l'état où elles étaient à la fin de la période cinquième. Si maintenant on écarte le corps A, et que l'on fasse mouvoir le piston de *ef* en *cd*, la température de l'air décroîtra d'autant de degrés qu'elle s'est accrue pendant la période cinquième, et deviendra celle du corps B. On peut évidemment continuer une suite d'opérations inverses de celles que nous avons d'abord décrites : il suffit de se placer dans les mêmes circonstances et d'exécuter pour chaque période un mouvement de dilatation au lieu d'un mouvement de compression, et réciproquement.

Le résultat des premières opérations avait été la production d'une certaine quantité de puissance motrice et le transport du calorique du corps A au corps B; le résultat des opérations inverses est la consommation de la puissance motrice produite, et le retour du calorique du corps B au corps A; de sorte que ces deux suites d'opérations s'annulent, se neutralisent en quelque sorte l'une l'autre.

L'impossibilité de faire produire au calorique une quantité de puissance motrice plus grande que celle que nous en avons obtenue par notre première suite d'opérations est maintenant facile à prouver. Elle se démontrera par un raisonnement entièrement semblable à celui dont nous avons fait usage page 10. Le raisonnement aura même ici un degré d'exactitude de plus : l'air dont nous nous servons pour développer la puissance motrice est ramené, à la fin de chaque cercle d'opérations, précisément à l'état où il se trouvait d'abord, tandis qu'il n'en était pas tout à fait de même pour la vapeur d'eau, ainsi que nous l'avons remarqué ([1]).

Nous avons choisi l'air atmosphérique comme l'instrument qui devrait développer la puissance motrice de la chaleur; mais il est évident que les raisonnements eussent été les mêmes pour toute autre substance gazeuse, et même pour tout autre corps susceptible de changer de température par des contractions et des dilatations successives, ce qui comprend tous les corps de la nature, ou du moins tous ceux qui sont propres à réaliser la puissance motrice de la chaleur. Ainsi nous sommes conduits à établir la proposition générale que voici :

La puissance motrice de la chaleur est indépendante des agents mis en œuvre pour la réaliser; sa quantité est fixée uniquement par les températures des corps entre lesquels se fait, en dernier résultat, le transport du calorique.

Il faut sous-entendre ici que chacune des méthodes de développer la puissance motrice atteint la perfection dont elle est susceptible. Cette condition se trouvera remplie si, comme nous l'avons remarqué plus haut, il ne se fait dans les corps aucun changement de température qui ne soit dû à un changement de volume, ou, ce qui est la même chose autrement exprimée, s'il n'y a jamais de contact entre des corps de températures sensiblement différentes.

Les diverses méthodes de réaliser la puissance motrice peuvent être prises, d'ailleurs, soit dans l'emploi de substances diverses, soit dans l'emploi de la même substance à deux états différents, par exemple, d'un gaz à deux densités différentes.

([1]) Nous supposons implicitement, dans notre démonstration, que lorsqu'un corps a éprouvé des changements quelconques, et qu'après un certain nombre de transformations il est ramené identiquement à son état primitif, c'est-à-dire à cet état considéré relativement à la densité, à la température, au mode d'agrégation, nous supposerons, dis-je, que ce corps se trouve contenir la même quantité de chaleur qu'il contenait d'abord, ou autrement que les quantités de chaleur absorbées ou dégagées dans ses diverses transformations sont exactement compensées. Ce fait n'a jamais été révoqué en doute; il a été d'abord admis sans réflexion et vérifié ensuite dans beaucoup de cas par les expériences du calorimètre. Le nier, ce serait renverser toute la théorie de la chaleur à laquelle il sert de base. Au reste, pour le dire en passant, les principaux fondements sur lesquels repose la théorie de la chaleur auraient besoin de l'examen le plus attentif. Plusieurs faits d'expérience paraissent à peu près inexplicables dans l'état actuel de cette théorie.

Ceci nous conduit naturellement à des recherches intéressantes sur les fluides aériformes, recherches qui nous mèneront d'ailleurs à de nouveaux résultats sur la puissance motrice de la chaleur, et nous donneront les moyens de vérifier, dans quelques cas particuliers, la proposition fondamentale ci-dessus énoncée (¹).

On remarquera facilement que notre démonstration eût été simplifiée en supposant les températures des corps A et B fort peu différentes entre elles. Alors les mouvements du piston se trouvant fort peu étendus pendant les périodes 3 et 5, ces périodes eussent pu être supprimées sans influence sensible sur la production de la puissance motrice. Un fort petit changement de volume doit suffire, en effet, pour produire un fort petit changement de température, et ce petit changement de volume est négligeable à côté de celui des périodes 4 et 6, dont l'étendue est illimitée.

Si l'on supprime les périodes 3 et 5 dans la série d'opérations ci-dessus décrite, elle se réduit aux suivantes :

1° Contact du gaz renfermé en *abcd* (*fig.* 2) avec le corps A, passage du piston de *cd* en *ef* ;

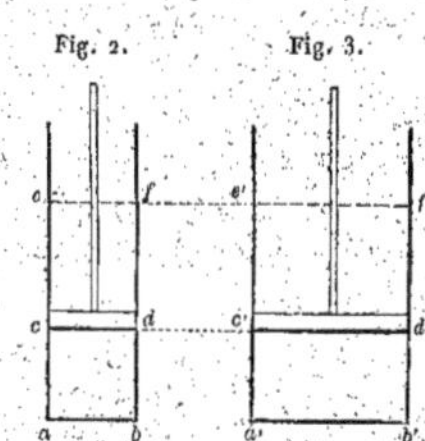

Fig. 2. Fig. 3.

2° Éloignement du corps A, contact du gaz renfermé en *abef* avec le corps B, retour du piston de *ef* en *cd* ;

3° Éloignement du corps B, contact du gaz avec le corps A, passage du piston de *cd* en *ef*, c'est-à-dire renouvellement de la période première, et ainsi de suite.

(¹) Nous supposerons, dans ce qui va suivre, le lecteur au courant des derniers progrès de la Physique moderne, en ce qui concerne les substances gazeuses et la chaleur.

La puissance motrice résultant de l'ensemble des opérations 1, 2 sera évidemment la différence entre celle qui est produite par l'expansion du gaz, tandis qu'il se trouve à la température du corps A, et celle qui est consommée pour comprimer ce gaz, tandis qu'il se trouve à la température du corps B.

Supposons que les opérations 1, 2 soient exécutées sur deux gaz de natures chimiques différentes, mais pris sous la même pression, sous la pression atmosphérique, par exemple; ces deux gaz se comporteront absolument l'un comme l'autre dans les mêmes circonstances, c'est-à-dire que leurs forces expansives, primitivement égales entre elles, demeureront toujours égales, quelles que soient les variations de volume et de température, pourvu que ces variations soient les mêmes de part et d'autre. Cela résulte évidemment des lois de Mariotte et de MM. Gay-Lussac et Dalton, lois communes à tous les fluides élastiques, et en vertu desquelles les mêmes rapports existent pour tous ces fluides entre le volume, la force expansive et la température.

Puisque deux gaz différents, pris à la même température et sous la même pression, doivent se comporter l'un comme l'autre dans les mêmes circonstances, si on leur fait subir à tous deux les opérations ci-dessus décrites, ils devront donner naissance à des quantités de puissance motrice égales. Or cela suppose, d'après la proposition fondamentale que nous avons établie, l'emploi des deux quantités égales de calorique, c'est-à-dire cela suppose que la quantité de calorique passée du corps A au corps B est la même, soit que l'on opère sur l'un des gaz, soit que l'on opère sur l'autre.

La quantité de calorique passée du corps A au corps B est évidemment celle qui est absorbée par le gaz dans son extension de volume, ou celle que ce gaz abandonne ensuite par la compression. Nous sommes donc conduits à établir la proposition suivante :

Lorsqu'un gaz passe, sans changer de température, d'un volume et d'une pression déterminés à un autre volume et à une autre pression également déterminés, la quantité de calorique absorbée ou abandonnée est toujours la même, quelle que soit la nature du gaz choisi comme sujet d'expérience.

Soit, par exemple, 1 litre d'air à la température de 100 degrés et sous la pression d'une atmosphère; si l'on double le volume de cet air et qu'on veuille le maintenir à la température de 100 degrés, il faut lui fournir une certaine quantité de chaleur. Or cette quantité sera précisément la même si, au lieu d'opérer sur l'air, on opère sur le gaz acide carbonique, sur l'azote, sur l'hydrogène, sur la vapeur d'eau, d'alcool, c'est-à-dire si l'on double le volume de 1 litre de ces gaz pris à la température de 100 degrés et sous la pression atmosphérique.

Il en serait de même, dans un sens inverse, si, au lieu de doubler le volume des gaz, on le réduisait à moitié par la compression.

La quantité de chaleur que les fluides élastiques dégagent ou absorbent dans leurs changements de volume n'a jamais été mesurée par aucune expérience directe, expérience qui offrirait sans doute de grandes difficultés; mais il existe une donnée qui est à peu près l'équivalent pour nous : cette donnée a été fournie par la théorie du son; elle mérite beaucoup de confiance, à cause de la rigueur des considérations par lesquelles on est parvenu à l'établir. Voici en quoi elle consiste :

L'air atmosphérique doit s'élever de 1 degré centigrade, lorsqu'il éprouve par la compression subite une réduction de volume de $\frac{1}{116}$ [1].

Les expériences sur la vitesse du son ayant été faites dans l'air sous la pression de 760 millimètres de mercure, et à la température de 6 degrés, c'est seulement à ces deux circonstances que doit se rapporter notre donnée. Nous la rapporterons cependant, pour plus de facilité, à la température 0 degré, qui en diffère peu.

L'air comprimé de $\frac{1}{116}$, et élevé par là de 1 degré, ne diffère de l'air échauffé directement de 1 degré que par sa densité. Le volume primitif étant supposé V, la compression de $\frac{1}{116}$ le réduit à $V - \frac{1}{116}V$.

L'échauffement direct sous pression constante doit, d'après la règle de M. Gay-Lussac, augmenter le volume de l'air de $\frac{1}{267}$ de ce qu'il serait

---

[1] M. Poisson, à qui cette donnée est due, a fait voir qu'elle s'accorde assez bien avec le résultat d'une expérience de MM. Clément et Desormes sur la rentrée de l'air dans le vide, ou plutôt dans l'air un peu raréfié. Elle s'accorde aussi, à quelque chose près, avec certain résultat trouvé par MM. Gay-Lussac et Welter. (*Voir* la note, p. 32.)

à o degré; ainsi l'air est, d'une part, réduit au volume $V - \frac{1}{116} V$; de l'autre, il est porté à $V + \frac{1}{267} V$.

La différence entre les quantités de chaleur que possède l'air dans l'un et l'autre cas est évidemment la quantité employée à l'élever directement de 1 degré : ainsi donc la quantité de chaleur que l'air absorberait en passant du volume $V - \frac{1}{116} V$ au volume $V + \frac{1}{267} V$ est égale à celle qui est nécessaire pour l'élever de 1 degré.

Imaginons maintenant que, au lieu d'échauffer de 1 degré l'air soumis à une pression constante et pouvant se dilater librement, on le renferme dans une capacité inextensible, et qu'en cet état on lui fasse acquérir 1 degré de température. L'air ainsi échauffé de 1 degré ne différera de l'air comprimé de $\frac{1}{116}$ que par son volume plus grand de $\frac{1}{116}$. Ainsi donc la quantité de chaleur que l'air abandonnerait par une réduction de volume de $\frac{1}{116}$ est égale à celle qu'il exigerait pour s'élever de 1 degré centigrade sous volume constant. Comme les différences entre les volumes $V - \frac{1}{116} V$, V et $V + \frac{1}{267} V$ sont petites relativement aux volumes eux-mêmes, on peut regarder les quantités de chaleur absorbées par l'air, en passant du premier de ces volumes au second, et du premier au troisième, comme sensiblement proportionnelles aux changements de volume. On se trouve donc conduit à établir la relation suivante :

La quantité de chaleur nécessaire pour élever de 1 degré l'air sous pression constante est à la quantité de chaleur nécessaire pour élever de 1 degré le même air sous volume constant dans le rapport des nombres

$$\frac{1}{116} + \frac{1}{267} \quad \text{à} \quad \frac{1}{116},$$

ou bien, en multipliant de part et d'autre par $116 . 267$, dans le rapport des nombres $267 + 116$ à 267.

C'est donc là le rapport qui existe entre la capacité de l'air pour la chaleur sous pression constante et sa capacité sous volume constant. Si la première de ces deux capacités est exprimée par l'unité, l'autre sera exprimée par le chiffre $\frac{267}{267 + 116}$, ou à peu près $0,700$; leur différence, $1.— 0,700$ ou $0,300$, exprimera évidemment la quantité de chaleur destinée à produire l'augmentation de volume de l'air lorsqu'il est échauffé de 1 degré sous pression constante.

D'après la loi de MM. Gay-Lussac et Dalton, cette augmentation de volume serait la même pour tous les autres gaz; d'après le théorème démontré page 22, la chaleur absorbée par des augmentations égales de volume est la même pour tous les fluides élastiques; nous sommes donc conduits à établir la proposition suivante :

La différence entre la chaleur spécifique sous pression constante et la chaleur spécifique sous volume constant est la même pour tous les gaz.

Il faut remarquer ici que tous les gaz sont supposés pris sous la même pression, la pression atmosphérique, par exemple, et qu'en outre les chaleurs spécifiques sont mesurées par rapport aux volumes.

Rien ne nous est plus aisé maintenant que de dresser une Table des chaleurs spécifiques des gaz sous volume constant, d'après la connaissance de leurs chaleurs spécifiques sous pression constante. Nous présentons ici cette Table, dont la première colonne est le résultat des expériences directes de MM. Delaroche et Bérard, sur la chaleur spécifique des gaz soumis à la pression atmosphérique, et dont la seconde colonne est composée des nombres de la première diminués de $0,300$.

Table de la chaleur spécifique des gaz.

NOMS DES GAZ.	CHALEUR spécifique sous pression constante.	CHALEUR spécifique sous volume constant.
Air atmosphérique................	1,000	0,700
Gaz hydrogène....................	0,903	0,603
Acide carbonique................	1,258	0,958
Oxygène.........................	0,976	0,676
Azote...........................	1,000	0,700
Protoxyde d'azote...............	1,350	1,050
Gaz oléfiant....................	1,553	1,253
Oxyde de carbone................	1,034	0,734

Les nombres de la première colonne et ceux de la seconde sont ici rapportés à la même unité, à la chaleur spécifique de l'air atmosphérique sous pression constante.

La différence entre chaque nombre de la première colonne et le nombre correspondant de la seconde étant constante, le rapport entre ces nombres doit être variable : ainsi le rapport entre la chaleur spécifique des gaz sous pression constante et la chaleur spécifique sous volume constant varie lorsqu'on passe d'un gaz à un autre.

Nous avons vu que l'air, lorsqu'il éprouve une compression subite de $\frac{1}{116}$ de son volume, s'élève de 1 degré. Les autres gaz, par une compression semblable, doivent s'élever aussi de température : ils doivent s'élever, mais non pas également en raison inverse de leur chaleur spécifique sous volume constant. En effet, la réduction de volume étant par hypothèse toujours la même, la quantité de chaleur due à cette réduction doit être aussi toujours la même, et par conséquent doit produire une élévation de température dépendant seulement de la chaleur spécifique acquise par le gaz après sa compression, et évidemment en raison inverse de cette chaleur spécifique. Il nous est donc facile de former la Table des élévations de température des différents gaz pour une compression de $\frac{1}{116}$.

La voici :

Tableau de l'élévation de température des gaz par l'effet de la compression.

NOMS DES GAZ.	ÉLÉVATION de température pour une réduction de volume de $\frac{1}{116}$.
Air atmosphérique	1,000°
Gaz hydrogène	1,160
Acide carbonique	0,730
Oxygène	1,035
Azote	1,000
Protoxyde d'azote	0,667
Gaz oléfiant	0,558
Oxyde de carbone	0,955

Une nouvelle compression de $\frac{1}{116}$ (du volume varié) élèverait encore, comme on le verra bientôt, la température de ces gaz d'une quantité à peu près égale à la première; mais il n'en serait pas de même d'une troisième, d'une quatrième, d'une centième compression pareille. La capacité des gaz pour la chaleur change avec leur volume; il est très-possible qu'elle change aussi avec la température.

Nous allons maintenant déduire de la proposition générale énoncée p. 20 un second théorème qui servira de complément à celui qui vient d'être démontré.

Imaginons que le gaz renfermé dans la capacité cylindrique *abcd* (*fig.* 2) soit transporté dans la capacité *a'b'c'd'* (*fig.* 3), d'égale hauteur, mais de base différente et plus étendue : ce gaz augmentera de volume, diminuera de densité et de force élastique dans le rapport inverse des deux volumes *abcd*, *a'b'c'd'*. Quant à la pression totale exercée sur chaque piston *cd*, *c'd'*, elle sera la même de part et d'autre, car la surface de ces pistons est en raison directe des volumes.

Supposons que l'on exécute sur le gaz renfermé en *a'b'c'd'* les opérations décrites p. 21, et qui étaient censées faites sur le gaz renfermé en *abcd*, c'est-à-dire supposons que l'on donne au piston *c'd'* des mouvements égaux en amplitude à ceux du piston *cd*, qu'on lui fasse occuper successivement les positions *c'd'* correspondant à *cd*, et *e'f'* correspondant à *ef*, et qu'en même temps on fasse subir au gaz, par le moyen des deux corps A, B, les mêmes variations de température que lorsqu'il était renfermé en *abcd* : l'effort total exercé sur le piston se trouvera être, dans les deux cas, toujours le même aux instants correspondants. Cela résulte uniquement de la loi de Mariotte (¹); en

---

(¹) La loi de Mariotte, sur laquelle nous nous fondons ici pour établir notre démonstration, est une des lois physiques les mieux constatées. Elle a servi de base à plusieurs théories vérifiées par l'expérience, et qui vérifient à leur tour les lois sur lesquelles elles sont assises. On peut citer encore comme vérification précieuse de la loi de Mariotte et aussi de celle de MM. Gay-Lussac et Dalton, pour un grand intervalle de température, les expériences de MM. Dulong et Petit. (Voir *Annales de Chimie et de Physique*, février 1818, t. VII, p. 122.) On peut citer encore des expériences plus récentes de MM. Davy et Faraday.

Les théorèmes que nous déduisons ici ne seraient peut-être pas exacts si on les appliquait hors de certaines limites, soit de densité, soit de température; ils ne doivent être regardés comme vrais que dans les limites où les lois de Mariotte et de MM. Gay-Lussac et Dalton sont elles-mêmes constatées.

4.

effet, les densités des deux gaz conservant toujours entre elles les mêmes rapports pour des positions semblables des pistons, et les températures étant toujours égales de part et d'autre, les pressions totales exercées sur les pistons conserveront toujours le même rapport entre elles. Si ce rapport est, à un instant quelconque, celui d'égalité, les pressions seront toujours égales.

Comme, d'ailleurs, les mouvements des deux pistons ont des amplitudes égales, la puissance motrice produite de part et d'autre sera évidemment la même : d'où l'on doit conclure, d'après la proposition de la page 20, que les quantités de chaleur employées de part et d'autre sont les mêmes, c'est-à-dire qu'il passe du corps A au corps B la même quantité de chaleur dans les deux cas.

La chaleur empruntée au corps A et rendue au corps B n'est autre chose que la chaleur absorbée par la raréfaction du gaz et dégagée ensuite par sa compression. Nous sommes donc conduits à établir le théorème suivant :

Lorsqu'un fluide élastique passe sans changer de température du volume U au volume V, et qu'une pareille quantité pondérable du même gaz passe sous la même température du volume U' au volume V', si le rapport de U' à V' se trouve le même que le rapport de U à V, les quantités de chaleur absorbées ou dégagées dans l'un et l'autre cas seront égales entre elles.

Ce théorème peut être énoncé d'une autre manière que voici :

Lorsqu'un gaz varie de volume sans changer de température, les quantités de chaleur absorbées ou dégagées par ce gaz sont en progression arithmétique, si les accroissements ou les réductions de volume se trouvent être en progression géométrique.

Lorsque l'on comprime un litre d'air maintenu à la température de 10 degrés, et qu'on le réduit à $\frac{1}{2}$ litre, il se dégage une certaine quantité de chaleur. Cette quantité se trouvera toujours la même si l'on réduit de nouveau le volume de $\frac{1}{2}$ litre à $\frac{1}{4}$ de litre, de $\frac{1}{4}$ de litre à $\frac{1}{8}$, ainsi de suite.

Si, au lieu de comprimer l'air, on le porte successivement à 2 litres, 4 litres, 8 litres, etc., il faudra lui fournir des quantités de chaleur toujours égales pour maintenir la température au même degré.

Ceci rend facilement raison de la température élevée à laquelle par-

vient l'air par une compression rapide. On sait que cette température
suffit pour enflammer l'amadou, et même pour que l'air devienne lumi-
neux. Si l'on suppose pour un instant la chaleur spécifique de l'air
constante, malgré les changements de volume et de température, la
température croîtra en progression arithmétique, pour des réductions
de volume en progression géométrique. En partant de cette donnée
et admettant qu'un degré d'élévation dans la température correspond
à une compression de $\frac{1}{116}$, on arrivera facilement à conclure que l'air
réduit à $\frac{1}{14}$ de son volume primitif doit s'élever d'environ 3oo degrés,
degré suffisant pour enflammer l'amadou ([1]).

L'élévation de température doit être évidemment encore plus considérable si la capacité de l'air pour la chaleur devient moindre à
mesure que son volume diminue; or c'est ce qui est présumable, et
c'est même ce qui semble résulter des expériences de MM. Delaroche
et Bérard sur le calorique spécifique de l'air pris à diverses densités.
(*Voir* le Mémoire imprimé dans les *Annales de Chimie*, t. LXXXV,
p. 72, 224.)

([1]) Lorsque le volume est réduit de $\frac{1}{116}$, c'est-à-dire lorsqu'il devient $\frac{115}{116}$ de ce qu'il
était d'abord, la température s'élève de 1 degré.

Une nouvelle réduction de $\frac{1}{116}$ porte le volume à $\left(\frac{115}{116}\right)^2$, et la température doit s'élever
d'un nouveau degré.

Après x réductions pareilles, le volume devient $\left(\frac{115}{116}\right)^x$, et la température doit s'être élevée de x degrés.

Si l'on pose $\left(\frac{115}{116}\right)^x = \frac{1}{14}$, et que l'on prenne les logarithmes de part et d'autre, on trouve

$$x = 3oo° \text{ environ.}$$

Si l'on pose $\left(\frac{115}{116}\right)^x = \frac{1}{2}$, on trouve

$$x = 8o°.$$

Ce qui montre que l'air comprimé de moitié s'élève de 8o degrés.

Tout ceci est subordonné à l'hypothèse que la chaleur spécifique de l'air ne change pas
quoique le volume diminue; mais si, d'après les raisons exposées ci-après, pages 31 et 33, on
regarde la chaleur spécifique de l'air comprimé de moitié comme réduite dans le rapport de
7oo à 616, il faut multiplier le nombre 8o degrés par $\frac{7oo}{616}$, ce qui le porte à 9o degrés.

Les deux théorèmes énoncés p. 22 et 28 suffisent pour comparer entre elles les quantités de chaleur absorbées ou dégagées dans les changements de volume des fluides élastiques, quelles que soient d'ailleurs la densité et la nature chimique de ces fluides, pourvu toutefois qu'ils soient tous pris et maintenus à une certaine température invariable ; mais ces théorèmes ne fournissent aucun moyen de comparer entre elles les quantités de chaleur dégagées ou absorbées par des fluides élastiques qui changent de volume à des températures différentes. Ainsi nous ignorons quel rapport existe entre la chaleur dégagée par un litre d'air réduit à moitié, la température étant maintenue à zéro, et la chaleur dégagée par le même litre d'air réduit à moitié, la température étant maintenue à 100 degrés. La connaissance de ce rapport est liée à celle de la chaleur spécifique des gaz à divers degrés de température et à quelques autres données que la Physique actuelle refuse de nous fournir.

Le second de nos théorèmes nous offre un moyen de connaître suivant quelle loi varie la chaleur spécifique des gaz avec leur densité.

Admettons que les opérations décrites p. 21, au lieu de s'exécuter avec deux corps A, B, dont les températures diffèrent entre elles d'une quantité infiniment petite, s'exécutent avec deux corps dont les températures diffèrent entre elles d'une quantité finie, de $1°$ par exemple. Dans un cercle complet d'opérations, le corps A fournit au fluide élastique une certaine quantité de chaleur, qui peut être divisée en deux portions : $1°$ celle qui est nécessaire pour maintenir la température du fluide à un degré constant pendant la dilatation ; $2°$ celle qui est nécessaire pour faire revenir le fluide de la température du corps B à la température du corps A, lorsque, après avoir ramené ce fluide à son volume primitif, on le remet en contact avec le corps A. Nommons a la première de ces quantités et b la seconde ; le calorique total fourni par le corps A sera exprimé par $a + b$.

Le calorique transmis par le fluide au corps B peut aussi se diviser en deux parties : l'une, b', due au refroidissement du gaz par le corps B ; l'autre, a', que le gaz abandonne par l'effet de sa réduction de volume. La somme de ces deux quantités est $a' + b'$; elle doit être égale à $a + b$, car, après un cercle complet d'opérations, le gaz est ramené identiquement à son état primitif. Il a dû céder tout le calorique qui lui avait d'abord été fourni. Nous avons donc

$$a + b = a' + b',$$

ou bien

$$a - a' = b' - b.$$

Or, d'après le théorème énoncé p. 420, les quantités a et a' sont indépendantes de la densité du gaz, pourvu toutefois que la quantité pondérable reste la même, et que les variations de volume soient proportionnelles au volume primitif. La différence $a - a'$ doit remplir les mêmes conditions, et par conséquent aussi la différence $b' - b$ qui lui est égale. Mais b' est le calorique nécessaire pour élever d'un degré le gaz renfermé en $abcd$ (*fig.* 2); b' est le calorique abandonné par le gaz, lorsque, renfermé en $abef$, il se refroidit de 1 degré; ces quantités peuvent servir de mesure aux chaleurs spécifiques. Nous sommes donc conduits à établir la proposition suivante :

Le changement opéré dans la chaleur spécifique d'un gaz par suite d'un changement de volume dépend uniquement du rapport entre le volume primitif et le volume varié. C'est-à-dire que la différence des chaleurs spécifiques ne dépend pas de la grandeur absolue des volumes, mais seulement de leur rapport.

Cette proposition peut être énoncée d'une autre manière que voici :

Lorsqu'un gaz augmente de volume en progression géométrique, sa chaleur spécifique s'accroît en progression arithmétique.

Ainsi a étant la chaleur spécifique de l'air pris à une densité donnée, et $a + h$ la chaleur spécifique pour une densité moitié moindre, elle sera, pour une densité égale au quart, $a + 2h$; pour une densité égale au huitième, $a + 3h$; ainsi de suite.

Les chaleurs spécifiques sont ici rapportées aux poids. Elles sont supposées prises sous volume invariable; mais, ainsi qu'on va le voir, elles suivraient la même loi si elles étaient prises sous pression constante.

A quelle cause est due en effet la différence entre les chaleurs spécifiques prises sous volume constant et sous pression constante? Au calorique nécessaire pour produire dans le second cas l'augmentation de volume. Or, d'après la loi de Mariotte, l'augmentation de volume d'un gaz doit être, pour un changement donné de température, une

fraction déterminée du volume primitif, une fraction indépendante de
la pression. D'après le théorème énoncé p. 28, si le rapport entre le
volume primitif et le volume varié est donné, la chaleur nécessaire
pour produire l'augmentation de volume est par là déterminée. Elle
dépend uniquement de ce rapport et de la quantité pondérable du
gaz. Il faut donc conclure que :

*La différence entre la chaleur spécifique sous pression constante et la
chaleur spécifique sous volume constant est toujours la même, quelle que
soit la densité du gaz, pourvu que la quantité pondérable reste la même.*

Ces chaleurs spécifiques augmentent toutes deux à mesure que la
densité du gaz diminue, mais leur différence ne varie pas (¹).

Puisque la différence entre les deux capacités pour la chaleur est
constante, si l'une s'accroît en progression arithmétique, l'autre doit
suivre une progression semblable : ainsi notre loi est applicable aux
chaleurs spécifiques prises sous pression constante.

Nous avons supposé tacitement l'augmentation de la chaleur spécifique avec celle du volume. Cette augmentation résulte des expériences
de MM. Delaroche et Bérard : en effet, ces physiciens ont trouvé
0,967 pour la chaleur spécifique de l'air sous la pression de 1 mètre de
mercure (*Voir* le Mémoire déjà cité), en prenant pour unité la chaleur spécifique du même poids d'air sous la pression de $0^m,760$.

D'après la loi que suivent les chaleurs spécifiques par rapport aux

---

(¹) MM. Gay-Lussac et Welter ont trouvé par des expériences directes, citées dans la *Mécanique céleste*, et dans les *Annales de Chimie et de Physique*, juillet 1822, p. 267, que le
rapport entre la chaleur spécifique sous pression constante et la chaleur spécifique sous volume constant varie très-peu avec la densité du gaz. D'après ce que l'on vient de voir, c'est
la différence qui doit rester constante, et non le rapport. Comme, d'ailleurs, la chaleur spécifique des gaz, pour un poids donné, varie très-peu avec la densité, il est tout simple que
le rapport n'éprouve lui-même que de petits changements.

Le rapport entre la chaleur spécifique de l'air atmosphérique sous pression constante et
sous volume constant est, d'après MM. Gay-Lussac et Welter, 1,3748, nombre à peu près
constant pour toutes les pressions et même pour toutes les températures. Nous sommes par-
venus, par d'autres considérations, au nombre $\frac{267 + 116}{267} = 1,44$, qui en diffère de $\frac{1}{20}$, et
nous nous sommes servis de ce nombre pour dresser une Table des chaleurs spécifiques des
gaz sous volume constant. Ainsi il ne faut pas regarder cette Table comme bien exacte, non
plus que la Table donnée p. 33. Ces Tables sont destinées principalement à mettre en évidence les lois que suivent les chaleurs spécifiques des fluides aériformes.

pressions, il suffit de les avoir observées dans deux cas particuliers pour les conclure dans tous les cas possibles : c'est ainsi que, en faisant usage du résultat d'expérience de MM. Delaroche et Bérard, qui vient d'être rapporté, nous avons dressé la Table suivante des chaleurs spécifiques de l'air sous diverses pressions.

PRESSION en atmosphères.	CHALEUR SPÉCIFIQUE, celle de l'air sous pression atmosphérique étant 1.	PRESSION en atmosphères.	CHALEUR SPÉCIFIQUE, celle de l'air sous pression atmosphérique étant 1.
$\frac{1}{1024}$	1,840	1	1,000
$\frac{1}{512}$	1,756	2	0,916
$\frac{1}{256}$	1,672	4	0,832
$\frac{1}{128}$	1,588	8	0,748
$\frac{1}{64}$	1,504	16	0,664
$\frac{1}{32}$	1,420	32	0,580
$\frac{1}{16}$	1,336	64	0,496
$\frac{1}{8}$	1,252	128	0,412
$\frac{1}{4}$	1,165	256	0,328
$\frac{1}{2}$	1,084	512	0,244
1	1,000	1024	0,160

La première colonne est, comme on voit, une progression géométrique, et la seconde une progression arithmétique.

Nous avons étendu la Table jusqu'à des compressions et des raréfactions extrêmes. Il est à croire que l'air, avant d'acquérir une densité 1024 fois sa densité ordinaire, c'est-à-dire avant de devenir plus dense que l'eau, se serait liquéfié. Les chaleurs spécifiques s'annuleraient et même deviendraient négatives en prolongeant la Table au delà du der-

5

nier terme. Nous pensons, au reste, que les chiffres de la seconde colonne
décroissent ici en progression trop rapide. Les expériences qui servent
de base à notre calcul ont été faites dans des limites trop resserrées
pour que l'on puisse s'attendre à une grande justesse dans les nombres
que nous avons obtenus, surtout dans les nombres extrêmes.

Puisque nous connaissons d'une part la loi suivant laquelle la chaleur se dégage par la compression des gaz, et de l'autre la loi suivant
laquelle varie la chaleur spécifique avec le volume, il nous sera facile
de calculer les accroissements de température d'un gaz que l'on comprime sans lui laisser perdre de calorique. En effet la compression peut
être censée décomposée en deux opérations successives : 1° compression à température constante, 2° restitution du calorique émis. La
température s'élèvera, par cette seconde opération, en raison inverse
de la chaleur spécifique acquise par le gaz après sa réduction de
volume, chaleur spécifique que nous savons calculer au moyen de la
loi démontrée ci-dessus. La chaleur dégagée par la compression doit,
d'après le théorème de la page 28, être représentée par une expression
de la forme

$$s = A + B \log v,$$

s étant cette chaleur, v le volume du gaz après la compression, A et B
des constantes arbitraires dépendant du volume primitif du gaz, de sa
pression et des unités dont on fait choix.

La chaleur spécifique, variant avec le volume, suivant la loi démontrée tout à l'heure, doit être représentée par une expression de la
forme

$$z = A' + B' \log v,$$

A' et B' étant des constantes arbitraires différentes de A et B.

L'accroissement de température acquis par le gaz par l'effet de la
compression est proportionnel au rapport $\frac{s}{z}$ ou au rapport $\frac{A + B \log v}{A' + B' \log v}$.
Il peut être représenté par ce rapport lui-même : ainsi, en le nom-
mant t, nous aurons

$$t = \frac{A + B \log v}{A' + B' \log v}.$$

Si le volume primitif du gaz est 1 et la température primitive zéro, on aura à la fois $t = o$, $\log v = o$, d'où $A = o$; t exprimera alors non-seulement l'accroissement de température, mais la température elle-même au-dessus du zéro thermométrique.

Il ne faudrait pas considérer la formule que nous venons de donner comme applicable à de très-grands changements de volume des gaz. Nous avons regardé l'élévation de température comme étant en raison inverse de la chaleur spécifique; ce qui suppose implicitement la chaleur spécifique constante à toutes les températures. De grands changements de volume entrainent dans le gaz de grands changements de température, et rien ne nous prouve la constance de la chaleur spécifique à divers degrés, surtout à des degrés fort éloignés les uns des autres. Cette constance n'est qu'une hypothèse, admise pour les gaz par analogie, vérifiée passablement pour les corps solides et liquides dans une certaine étendue de l'échelle thermométrique, mais dont les expériences de MM. Dulong et Petit ont fait voir l'inexactitude lorsqu'on veut l'étendre à des températures fort au-dessus de 100 degrés (¹).

(¹) On ne voit pas de raison pour admettre *à priori* la constance de la chaleur spécifique des corps à diverses températures, c'est-à-dire pour admettre que des quantités égales de chaleur produiront des accroissements égaux dans le degré thermométrique d'un corps, quand même ce corps ne changerait ni d'état ni de densité; quand ce serait, par exemple, un fluide élastique renfermé dans une capacité inextensible. Des expériences directes sur des corps solides et liquides avaient prouvé que, entre zéro et 100 degrés, des accroissements égaux dans les quantités de chaleur produisaient des accroissements à peu près égaux dans les degrés de température; mais les expériences plus récentes de MM. Dulong et Petit (Voir *Annales de Chimie et de Physique*, février, mars et avril 1818) ont fait voir que cette correspondance ne se soutenait plus à des températures fort au-dessus de 100 degrés, soit que ces températures fussent mesurées sur le thermomètre à mercure, soit qu'elles fussent mesurées sur le thermomètre à air.

Non-seulement les chaleurs spécifiques ne restent pas les mêmes aux diverses températures, mais, en outre, elles ne conservent pas entre elles les mêmes rapports; de sorte qu'aucune échelle thermométrique ne pourrait établir la constance de toutes les chaleurs spécifiques à la fois. Il eût été intéressant de vérifier si les mêmes irrégularités subsistent pour les substances gazeuses; mais les expériences présentaient ici des difficultés presque insurmontables.

Les irrégularités des chaleurs spécifiques des corps solides pourraient être attribuées, ce nous semble, à de la chaleur latente, employée à produire un commencement de fusion, un ramollissement qui se fait sentir dans la plupart de ces corps, longtemps avant la fusion complète. On peut appuyer cette opinion de la remarque suivante : d'après les expériences

D'après une loi due à MM. Clément et Desormes, loi établie par la voie de l'expérience directe, la vapeur d'eau, sous quelque pression qu'elle soit formée, contient toujours, à poids égaux, la même quantité de chaleur, ce qui revient à dire que la vapeur comprimée ou dilatée mécaniquement sans perte de chaleur sera toujours constituée à saturation de l'espace, si elle est primitivement ainsi constituée. La vapeur d'eau ainsi constituée peut donc être regardée comme un gaz permanent; elle doit en observer toutes les lois. Par conséquent la formule

$$t = \frac{A + B \log v}{A' + B' \log v}$$

doit lui être applicable, et se trouver en concordance avec la Table des tensions résultant des expériences directes de M. Dalton.

On peut s'assurer en effet que notre formule, par une détermination convenable des constantes arbitraires, représente d'une manière fort approchée les résultats de l'expérience. Les petites anomalies que l'on peut y rencontrer n'excèdent pas celles qui doivent être attribuées raisonnablement aux erreurs d'observation ([1]).

Nous reviendrons ici à notre sujet principal, dont nous nous sommes déjà trop écartés, à la puissance motrice de la chaleur.

Nous avons fait voir que la quantité de puissance motrice développée par le transport du calorique d'un corps à un autre dépendait essentiellement des températures des deux corps, mais nous n'avons pas fait connaître de relation entre ces températures et les quantités de puissance motrice produites. Il semblerait d'abord assez naturel de supposer que, pour des différences égales de température, les quantités de

---

mêmes de MM. Dulong et Petit, l'accroissement de chaleur spécifique avec la température est plus rapide dans les solides que dans les liquides, quoique ceux-ci jouissent d'une dilatabilité plus considérable. La cause d'irrégularité que nous venons de signaler, si elle est réelle, disparaîtrait entièrement dans les gaz.

([1]) Pour déterminer les constantes arbitraires, A, B, A', B', d'après des résultats choisis dans la Table de M. Dalton, il faut commencer par calculer le volume de la vapeur d'après sa pression et sa température, ce qui est chose facile au moyen des lois de Mariotte et de M. Gay-Lussac, la quantité pondérable de la vapeur étant d'ailleurs fixée.

Le volume sera donné par l'équation

$$v = c\,\frac{267 + t}{p},$$

puissance motrice produites sont égales entre elles, c'est-à-dire que, par exemple, le passage d'une quantité donnée de calorique d'un

dans laquelle v est ce volume, t la température, p la pression, et c une quantité constante, dépendant du poids de la vapeur et des unités dont on a fait choix.

Voici la Table des volumes occupés par un gramme de vapeur formée à diverses températures et, par conséquent, sous diverses pressions :

t ou degrés centigrades.	p ou tension de la vapeur exprimée en millimètres de mercure.	v ou volume d'un gramme de vapeur exprimé en litres.
°	mm.	lit.
0	5,060	185,0
20	17,32	58,2
40	53,00	20,4
60	144,6	7,96
80	352,1	3,47
100	760,0	1,70

Les deux premières colonnes de cette Table sont tirées du *Traité de Physique* de M. Biot (Ier vol., p. 272 et 531). La troisième est calculée au moyen de la formule ci-dessus, et d'après ce résultat d'expérience que l'eau vaporisée sous la pression atmosphérique occupe un espace 1700 fois aussi grand qu'à l'état liquide.

En faisant usage de trois nombres de la première colonne et des trois nombres correspondants de la troisième colonne, on déterminera facilement les constantes de notre équation

$$t = \frac{A + B \log v}{A' + B' \log v}.$$

Nous n'entrerons pas dans les détails du calcul nécessaire pour déterminer ces quantités : il nous suffira de dire que les valeurs suivantes :

$$A = 2268, \qquad A' = 19,64,$$
$$B = -1000, \qquad B' = 3,30,$$

satisfont passablement bien aux conditions prescrites, de sorte que l'équation

$$t = \frac{2268 - 1000 \log v}{19,64 + 3,30 \log v}$$

exprime d'une manière très-approchée la relation qui existe entre le volume de la vapeur et sa température.

On remarquera ici que la quantité B' est positive et fort petite, ce qui tend à confirmer cette proposition, que la chaleur spécifique d'un fluide élastique croît avec le volume, mais suivant une progression peu rapide.

corps A maintenu à 100 degrés à un corps B maintenu à 50 degrés
doit donner naissance à une quantité de puissance motrice égale à celle
qui serait développée par le transport du même calorique, d'un
corps B maintenu à 50 degrés à un corps C maintenu à zéro. Une pareille loi serait sans doute fort remarquable, mais on ne voit pas de
motifs suffisants pour l'admettre *à priori*. Nous allons discuter sa réa-
lité par des raisonnements rigoureux.

Imaginons que les opérations décrites page 21 soient exécutées successivement sur deux quantités d'air atmosphérique égales en poids et
en volume, mais prises à des températures différentes; supposons en
outre les différences de degré entre ces corps A et B égales de part
et d'autre : ainsi ces corps auront, par exemple, dans l'un des cas,
les températures $100°$ et $100° - h$ (h étant infiniment petit); et, dans
l'autre, $1°$ et $1° - h$. La quantité de puissance motrice produite est
dans chaque cas la différence entre celle que fournit le gaz par sa dilatation et celle dont il nécessite l'emploi pour revenir à son volume primitif. Or cette différence est ici, comme on peut s'en assurer par un
raisonnement simple que nous ne croyons pas nécessaire de détailler,
la même dans l'un et l'autre cas : ainsi la puissance motrice produite
est la même.

Comparons maintenant entre elles les quantités de chaleur employées dans les deux cas. Dans le premier, la quantité de chaleur
employée est celle que le corps A fournit à l'air pour le maintenir à la
température 100 degrés pendant son expansion; dans le second, c'est
la quantité de chaleur que ce même corps doit lui fournir pour maintenir sa température à 1 degré pendant un changement de volume absolument semblable. Si ces deux quantités de chaleur étaient égales
entre elles, il en résulterait évidemment la loi que nous avons d'abord
supposée. Mais rien ne prouve qu'il en soit ainsi; on va même voir que
ces quantités de chaleur sont inégales.

L'air, que nous supposerons d'abord occuper l'espace *abcd* (*fig.* 2)
et se trouver à la température 1 degré, peut être amené à occuper l'espace *abef* et à acquérir la température 100 degrés par deux moyens
différents :

1° On peut l'échauffer d'abord sans faire varier son volume, puis le
dilater en maintenant sa température à un degré constant;

2° On peut commencer par le dilater, en maintenant la constance de la température, puis l'échauffer lorsqu'il a acquis son nouveau volume.

Soient a et b les quantités de chaleur employées successivement dans la première des deux opérations, et soient b' et a' les quantités de chaleur employées successivement dans la seconde; comme le résultat final de ces deux opérations est le même, les quantités de chaleur employées de part et d'autre doivent être égales; on a donc

$$a + b = a' + b',$$

d'où

$$a' - a = b - b'.$$

a' est la quantité de chaleur nécessaire pour faire passer le gaz de 1 à 100 degrés, lorsqu'il occupe l'espace *abef*.

a est la quantité de chaleur nécessaire pour faire passer le gaz de 1 à 100 degrés, lorsqu'il occupe l'espace *abcd*.

La densité de l'air est moindre dans le premier cas que dans le second, et, d'après les expériences de MM. Delaroche et Bérard, déjà citées page 32, sa capacité pour la chaleur doit être un peu plus grande.

La quantité a' se trouvant être plus grande que la quantité a, b doit être plus grand que b'. Par conséquent, en généralisant la proposition, nous dirons :

La quantité de chaleur due au changement de volume d'un gaz est d'autant plus considérable que la température est plus élevée.

Ainsi, par exemple, il faut plus de calorique pour maintenir à 100 degrés la température d'une certaine quantité d'air dont on double le volume, que pour maintenir à 1 degré la température de ce même air pendant une dilatation absolument pareille.

Ces quantités inégales de chaleur produiraient cependant, comme nous l'avons vu, des quantités égales de puissance motrice pour des chutes égales du calorique, prises à différentes hauteurs sur l'échelle thermométrique; d'où l'on peut tirer la conclusion suivante :

La chute du calorique produit plus de puissance motrice dans les degrés inférieurs que dans les degrés supérieurs.

Ainsi une quantité donnée de chaleur développera plus de puissance motrice en passant d'un corps maintenu à 1 degré à un autre maintenu à zéro, que si ces deux corps eussent possédé les degrés 101 et 100.

Du reste, la différence doit être fort petite; elle serait nulle si la capacité de l'air pour la chaleur demeurait constante, malgré les changements de densité. D'après les expériences de MM. Delaroche et Bérard, cette capacité varie peu, si peu même que les différences remarquées pourraient, à la rigueur, être attribuées à des erreurs d'observation ou à quelques circonstances dont on aurait négligé de tenir compte.

Nous sommes hors d'état de déterminer rigoureusement, avec les seules données expérimentales que nous possédons, la loi suivant laquelle varie la puissance motrice de la chaleur dans les différents degrés de l'échelle thermométrique. Cette loi est liée à celle des variations de la chaleur spécifique des gaz à diverses températures, loi que l'expérience n'a pas encore fait connaître avec une suffisante exactitude (1).

Nous chercherons ici à évaluer d'une manière absolue la puissance motrice de la chaleur, et afin de vérifier notre proposition fondamentale, afin de vérifier si l'agent mis en œuvre pour réaliser la puissance

---

(1) Si l'on admettait la constance de la chaleur spécifique d'un gaz lorsque son volume ne change pas, mais que sa température varie, l'analyse pourrait conduire à une relation entre la puissance motrice et le degré thermométrique. Nous allons faire voir de quelle manière; cela nous donnera d'ailleurs occasion de montrer comment quelques-unes des propositions établies ci-dessus doivent être énoncées en langage algébrique.

Soit r la quantité de puissance motrice produite par l'expansion d'une quantité donnée d'air passant du volume 1 litre au volume v litres, sous température constante. Si v augmente de la quantité infiniment petite dv, r augmentera de la quantité dr, qui, d'après la nature de la puissance motrice, sera égale à l'accroissement dv de volume multiplié par la force expansive que possède alors le fluide élastique; soit p cette force expansive, on aura l'équation

$$(1) \qquad\qquad dr = p\,dv.$$

Supposons la température constante sous laquelle la dilatation a lieu égale à t degrés centigrades. Si l'on nomme q la force élastique de l'air occupant le volume 1 litre à la même température t, on aura, d'après la loi de Mariotte,

$$\frac{v}{1} = \frac{q}{p}, \quad \text{d'où} \quad p = \frac{q}{v}.$$

Si maintenant P est la force élastique de ce même air, occupant toujours le volume 1,

motrice est réellement indifférent, relativement à la quantité de cette puissance, nous en choisirons successivement plusieurs : l'air atmosphérique, la vapeur d'eau, la vapeur d'alcool.

Supposons que l'on emploie d'abord l'air atmosphérique : l'opération se conduira d'après la méthode indiquée page 21. Nous ferons les hypothèses suivantes :

L'air est pris sous la pression atmosphérique; la température du corps A est $\frac{1}{1000}$ de degré au-dessus de zéro, celle du corps B est zéro.

---

mais à la température zéro, on aura, d'après la règle de M. Gay-Lussac,

$$q = \mathrm{P} + \mathrm{P}\,\frac{t}{267} = \frac{\mathrm{P}}{267}\,(267 + t);$$

d'où

$$\frac{q}{v} = p = \frac{\mathrm{P}}{267}\,\frac{267 + t}{v}.$$

Si, pour abréger, l'on nomme N la quantité $\frac{\mathrm{P}}{267}$, l'équation deviendra

$$p = \mathrm{N}\,\frac{t + 267}{v},$$

d'où l'on tire, d'après l'équation (1),

$$dr = \mathrm{N}\,\frac{t + 267}{v}\,dv.$$

Regardons t comme constant et prenons l'intégrale des deux membres, nous aurons

$$r = \mathrm{N}\,(t + 267)\,\log v + \mathrm{C}.$$

Si l'on suppose $r = 0$ lorsque $v = 1$, on aura $\mathrm{C} = 0$, d'où

(2) $$r = \mathrm{N}\,(t + 267)\,\log v.$$

C'est là la puissance motrice produite par l'expansion de l'air qui, sous la température t, a passé du volume 1 au volume v.

Si, au lieu d'opérer à la température t, on opère d'une manière absolument semblable à la température $t + dt$, la puissance développée sera

$$r + \delta r = \mathrm{N}\,(t + dt + 267)\,\log v.$$

Retranchant l'équation (2), il vient

(3) $$\delta r = \mathrm{N}\,\log v\,dt.$$

Soit e la quantité de chaleur employée à maintenir la température du gaz à un degré constant pendant sa dilatation. D'après le raisonnement de la page 21; δr sera la puissance développée par la chute de la quantité e de chaleur du degré $t + dt$ au degré t. Si nous nommons u la puissance motrice développée par la chute d'une unité de chaleur du degré t

6

La différence est, comme on voit, fort petite, circonstance nécessaire ici.

L'accroissement de volume donné à l'air dans notre opération sera $\frac{1}{116} + \frac{1}{267}$ du volume primitif : c'est un accroissement fort petit, absolument parlant, mais grand relativement à la différence des températures entre les corps A et B.

La puissance motrice développée par l'ensemble des deux opérations décrites page 21 sera, à très-peu près, proportionnelle à l'accroissement de volume et à la différence entre les deux pressions exercées par l'air, lorsqu'il se trouve aux températures $0°,001$ et zéro.

---

au degré zéro, comme, d'après le principe général établi page 20, cette quantité u doit dépendre uniquement de t, elle pourra être représentée par la fonction Ft, d'où $u = Ft$.

Lorsque t s'accroît et devient $t + dt$, u devient $u + du$; d'où

$$u + du = F(t + dt).$$

Retranchant l'équation précédente, il vient

$$du = F(t + dt) - Ft = F't\,dt.$$

C'est évidemment là la quantité de puissance motrice produite par la chute d'une unité de chaleur du degré $t + dt$ au degré t.

Si la quantité de chaleur, au lieu d'être une unité, eût été e, sa puissance motrice produite aurait eu pour valeur

$$(4) \qquad\qquad e\,du = eF't\,dt.$$

Mais $e\,du$ est la même chose que δr; toutes deux sont la puissance développée par la chute de la quantité e de chaleur du degré $t + at$ au degré t; par conséquent,

$$e\,du = \delta r;$$

et, à cause des équations (3), (4),

$$eF't\,dt = N\,\log v\,dt;$$

ou, divisant par $F't\,dt$,

$$e = \frac{N}{F't}\,\log v = T\,\log v,$$

en nommant T la fraction $\frac{N}{F't}$, qui est une fonction de t seul.

L'équation

$$e = T\,\log v$$

est l'expression analytique de la loi énoncée page 28 ; elle est commune à tous les gaz, puisque les lois dont nous avons fait usage sont communes à tous.

Si l'on nomme s la quantité de chaleur nécessaire pour amener l'air sur lequel nous

Cette différence est, d'après la règle de M. Gay-Lussac, $\frac{1}{267000}$ de la force élastique du gaz, ou à très-peu près $\frac{1}{267000}$ de la pression atmosphérique.

La pression atmosphérique fait équilibre à 10 mètres $\frac{40}{100}$ de hauteur d'eau; $\frac{1}{267000}$ de cette pression équivaut à $\frac{1}{267000} \times 10^{m},40$ de hauteur d'eau.

Quant à l'accroissement de volume, il est, par supposition, $\frac{1}{116} + \frac{1}{267}$ du volume primitif, c'est-à-dire du volume occupé par 1 kilogramme

---

avons opéré du volume 1 et de la température zéro au volume v et à la température t, la différence entre s et c sera la quantité de chaleur nécessaire pour amener l'air sous le volume 1 du degré zéro au degré t. Cette quantité dépend de t seul; nommons-la U : elle sera une fonction quelconque de t; on aura

$$s = e + U = T \log v + U.$$

Si l'on différentie cette équation par rapport à t seul et que l'on représente par T′ et U′ les coefficients différentiels de T et U, il viendra

$$(5) \qquad \frac{ds}{dt} = T' \log v + U';$$

$\frac{ds}{dt}$ n'est autre chose que la chaleur spécifique du gaz sous volume constant, et notre équation (1) est l'expression analytique de la loi énoncée page 31.

Si l'on suppose la chaleur spécifique constante à toutes les températures (hypothèse discutée ci-dessus, page 35), la quantité $\frac{ds}{dt}$ sera indépendante de t; et, afin de satisfaire à l'équation (5) pour deux valeurs particulières de v, il sera nécessaire que T′ et U′ soient indépendants de t; nous aurons donc $T' = C$, quantité constante. Multipliant T′ et C par dt, et prenant l'intégrale de part et d'autre, on trouve

$$T = Ct + C_1;$$

mais, comme $T = \frac{N}{F't}$, on a

$$F't = \frac{N}{T} = \frac{N}{Ct + C_1}.$$

Multipliant de part et d'autre par dt, et intégrant, il vient

$$Ft = \frac{N}{C} \log(Ct + C_1) + C_2;$$

6.

d'air à zéro, volume égal à 0^{mc},77, eu égard à la pesanteur spécifique
de l'air; ainsi donc le produit

$$\left(\frac{1}{116} + \frac{1}{267}\right) 0,77 \, \frac{1}{267000} \, 10,40$$

exprimera la puissance motrice développée. Cette puissance est estimée
ici en mètres cubes d'eau élevés de 1 mètre de hauteur.

Si l'on exécute les multiplications indiquées, on trouve pour valeur
du produit 0,000000372.

---

ou, en changeant de constantes arbitraires, et remarquant d'ailleurs que Ft est nul lorsquo
$t = 0°$;

$$(6) \qquad\qquad Ft = A \log\left(1 + \frac{t}{B}\right).$$

La nature de la fonction Ft se trouverait ainsi déterminée, et l'on se verrait par là en état
d'évaluer la puissance motrice développée par une chute quelconque de la chaleur. Mais
cette dernière conclusion est fondée sur l'hypothèse de la constance de la chaleur spécifique d'un gaz qui ne change pas de volume, hypothèse dont l'expérience n'a pas encore assez
bien vérifié l'exactitude. Jusqu'à nouvelle preuve, notre équation (6) ne peut être admise
que dans une étendue médiocre de l'échelle thermométrique.

Dans l'équation (5), le premier membre représente, comme nous l'avons remarqué, la
chaleur spécifique de l'air occupant le volume v. L'expérience ayant appris que cette chaleur
varie peu, malgré des changements assez considérables de volume, il faut que le coefficient T'
de $\log v$ soit une quantité fort petite. Si on la suppose nulle, et qu'après avoir multiplié par dt
l'équation

$$T' = 0$$

on en prenne l'intégrale, on trouve

$$T = C, \quad \text{quantité constante};$$

mais

$$T = \frac{N}{F't},$$

d'où

$$F't = \frac{N}{T} = \frac{N}{C} = A;$$

d'où l'on tire enfin, par une seconde intégration,

$$Ft = At + B.$$

Comme $Ft = 0$, lorsque $t = 0$, B est nul; ainsi

$$Ft = At;$$

c'est-à-dire que la puissance motrice produite se trouverait être exactement proportionnelle
à la chute du calorique. Ceci est la traduction analytique de ce que nous avons dit page 40.

Cherchons maintenant à évaluer la quantité de chaleur employée à donner ce résultat, c'est-à-dire la quantité de chaleur passée du corps A au corps B.

Le corps A fournit :

1° La chaleur nécessaire pour porter la température de 1 kilogramme d'air de zéro à $0°,001$;

2° La quantité nécessaire pour maintenir à ce degré $0°,001$ la température de l'air lorsqu'il éprouve une dilatation de

$$\frac{1}{116} + \frac{1}{267}.$$

La première de ces quantités de chaleur étant fort petite par rapport à la seconde, nous la négligerons. La seconde est, d'après le raisonnement de la page 24, égale à celle qui serait nécessaire pour accroître de 1 degré la température de 1 kilogramme d'air soumis à la pression atmosphérique.

D'après les expériences de MM. Delaroche et Bérard sur la chaleur spécifique des gaz, celle de l'air est, à poids égaux, $0,267$ de celle de l'eau. Si donc nous prenons pour unité de chaleur la quantité nécessaire pour élever de 1 degré 1 kilogramme d'eau, celle qui sera nécessaire pour élever de 1 degré 1 kilogramme d'air aura pour valeur $0,267$. Ainsi la quantité de chaleur fournie par le corps A est

$$0,267 \text{ unités.}$$

C'est là la chaleur capable de produire $0,000000372$ unités de puissance motrice par sa chute de $0,001$ à zéro.

Pour une chute mille fois aussi grande, pour une chute de 1 degré, la puissance motrice sera à très-peu près mille fois la première, ou

$$0,000372.$$

Si maintenant, au lieu de $0,267$ unités de chaleur, nous employons 1000 unités, la puissance motrice produite sera donnée par la proportion

$$\frac{0,267}{0,000372} = \frac{1000}{x}, \quad \text{d'où} \quad x = \frac{372}{267} = 1,395 \text{ unités.}$$

Ainsi 1000 unités de chaleur, passant d'un corps maintenu à la température 1 degré à un autre corps maintenu à la température zéro, produiront, en agissant sur l'air,

1,395 unités de puissance motrice.

Nous allons comparer ce résultat à celui que fournit l'action de la chaleur sur la vapeur d'eau.

Supposons 1 kilogramme d'eau liquide renfermée dans la capacité cylindrique *abcd* (*fig*. 4), entre le fond *ab* et le piston *cd*; supposons

Fig. 4.

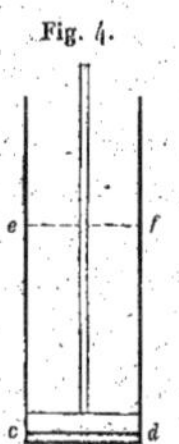

aussi l'existence des deux corps A, B, maintenus chacun à une température constante, celle de A étant élevée au-dessus de celle de B d'une quantité fort petite. Figurons-nous maintenant les opérations suivantes :

1° Contact de l'eau avec le corps A, passage du piston de la position *cd* à la position *ef*, formation de la vapeur à la température du corps A pour remplir le vide auquel donne lieu l'extension de la capacité : nous supposerons la capacité *abef* assez grande pour que toute l'eau y soit contenue à l'état de vapeur;

2° Éloignement du corps A, contact de la vapeur avec le corps B, précipitation d'une partie de cette vapeur, décroissement de sa force élastique, retour du piston de *ef* en *ab*, liquéfaction du reste de la vapeur par l'effet de la pression combinée avec le contact du corps B;

3° Éloignement du corps B, nouveau contact de l'eau avec le corps A, retour de l'eau à la température de ce corps, renouvellement de la première période, ainsi de suite.

La quantité de puissance motrice développée dans un cercle complet d'opérations est mesurée par le produit du volume de la vapeur multiplié par la différence entre les tensions qu'elle possède à la température du corps A et à celle du corps B.

Quant à la chaleur employée, c'est-à-dire transportée du corps A au corps B, c'est évidemment celle qui a été nécessaire pour transformer l'eau en vapeur, en négligeant toutefois la petite quantité nécessaire pour reporter l'eau liquide de la température du corps B à celle du corps A.

Supposons la température du corps A 100 degrés et celle du corps B 99 degrés : la différence des tensions sera, d'après la Table de M. Dalton, 26 millimètres de mercure ou $0^m,36$ de hauteur d'eau.

Le volume occupé par la vapeur est 1700 fois celui de l'eau. Si nous opérons sur 1 kilogramme, ce sera 1700 litres ou $1^{mc},700$.

Ainsi la puissance motrice développée a pour valeur le produit

$$1,700 \times 0,36 = 0,611 \text{ unités}$$

de l'espèce dont nous avons fait usage précédemment.

La quantité de chaleur employée est la quantité nécessaire pour transformer en vapeur l'eau amenée déjà à 100 degrés. Cette quantité est donnée par l'expérience : on l'a trouvée égale à 550 degrés, ou, pour parler plus exactement, à 550 de nos unités de chaleur.

Ainsi 0,611 unités de puissance motrice résultent de l'emploi de 550 unités de chaleur.

La quantité de puissance motrice résultant de 1000 unités de chaleur sera donnée par la proportion

$$\frac{550}{0,611} = \frac{1000}{x}, \quad \text{d'où} \quad x = \frac{611}{550} = 1,112.$$

Ainsi 1000 unités de chaleur transportées d'un corps maintenu à 100 degrés à un autre corps maintenu à 99 degrés produiront, en agissant sur la vapeur d'eau, 1,112 unités de puissance motrice.

Le nombre 1,112 diffère de $\frac{1}{4}$ environ du nombre 1,395, trouvé précédemment pour la valeur de la puissance motrice développée par 1000 unités de chaleur agissant sur l'air; mais il faut observer que dans ce cas les températures des corps A et B étaient 1 degré et zéro, tandis qu'ici elles sont 100 degrés et 99 degrés. La différence est bien la même;

mais elle ne se trouve pas à la même hauteur dans l'échelle thermométrique. Il aurait fallu, pour faire une comparaison exacte, évaluer la
puissance motrice développée par la vapeur formée à 1 degré et condensée à zéro; il aurait fallu, en outre, pouvoir connaître la quantité
de chaleur contenue dans la vapeur formée à 1 degré.

La loi due à MM. Clément et Desormes, et rapportée ci-dessus,
page 36, nous fournit cette donnée. La chaleur constituante de la vapeur d'eau étant toujours la même, à quelque température que la vapo-
risation ait lieu, s'il faut 550 degrés de chaleur pour vaporiser l'eau
déjà amenée à 100 degrés, il en faudra 550+100 ou 650 pour vaporiser le même poids d'eau prise à zéro.

En faisant usage de cette donnée et raisonnant d'ailleurs absolument
comme nous l'avons fait pour l'eau à 100 degrés, on trouve, ainsi qu'il
est facile de s'en assurer,

$$1,290$$

pour la puissance motrice développée par 1000 unités de chaleur agissant sur la vapeur d'eau entre 1 degré et zéro.

Ce nombre se rapproche plus que le premier de

$$1,395.$$

Il n'en diffère plus que de $\frac{1}{13}$, erreur qui n'est pas hors des limites pré-
sumables, eu égard au grand nombre de données de diverses espèces
dont nous avons été forcés de faire usage pour arriver à ce rapproche-
ment. Ainsi se trouve vérifiée, dans un cas particulier, notre loi fondamentale ([1]).

Nous examinerons un autre cas, celui où l'on fait agir la chaleur sur
la vapeur d'alcool.

Les raisonnements sont ici absolument les mêmes que pour la vapeur
d'eau; les données seules changent.

L'alcool pur bout sous la pression ordinaire à 78°,7 centigrades.
1 kilogramme absorbe, d'après MM. Delaroche et Bérard, 207 unités

---

([1]) On trouve (*Annales de Chimie et de Physique*, juillet 1818, p. 294) dans un Mémoire
de M. Petit une évaluation de la puissance motrice de la chaleur appliquée à l'air et à la
vapeur d'eau. Cette évaluation conduit à attribuer à l'air atmosphérique un grand avantage;
mais elle est due à une méthode tout à fait incomplète de considérer l'action de la chaleur.

de chaleur pour se transformer en vapeur à cette même température $78°,7$.

La tension de la vapeur d'alcool à 1 degré au-dessous du point d'ébullition se trouve diminuée de $\frac{1}{25}$; elle est de $\frac{1}{25}$ moindre que la pression atmosphérique [c'est du moins ce qui résulte des expériences de M. Bétancour, rapportées dans la seconde Partie de l'*Architecture hydraulique* de M. Prony, p. 180, 195 ([1])].

Si l'on fait usage de ces données, on trouve que, en agissant sur 1 kilogramme d'alcool aux températures $78°,7$ et $77°,7$, la puissance motrice développée serait $0,251$ unités.

Elle résulte de l'emploi de 207 unités de chaleur. Pour 1000 unités il faut poser la proportion

$$\frac{207}{0,254} = \frac{1000}{x}, \quad \text{d'où} \quad x = 1,230.$$

Ce nombre est un peu plus fort que $1,112$ résultant de l'emploi de la vapeur d'eau aux températures 100 degrés et 99 degrés; mais si l'on suppose la vapeur d'eau employée aux températures 78 degrés et 77 degrés, on trouve, en faisant usage de la loi de MM. Clément et Desormes, $1,212$ pour la puissance motrice due à 1000 unités de chaleur. Ce dernier nombre se rapproche, comme on voit, beaucoup de $1,230$; il n'en diffère que de $\frac{1}{50}$.

([1]) M. Dalton avait cru apercevoir que les vapeurs de divers liquides, à des distances thermométriques égales du point d'ébullition, jouissaient de tensions égales; mais cette loi n'est pas rigoureusement exacte, elle n'est qu'approximative. Il en est de même de la loi de proportionnalité de la chaleur latente des vapeurs avec leurs densités. (*Voir* Extraits d'un Mémoire de M. C. Despretz, *Annales de Chimie et de Physique*, t. XVI, p. 105, et t. XXIV, p. 323.) Les questions de ce genre se lient de près avec celles de la puissance motrice du feu. Tout récemment MM. H. Davy et Faraday, après avoir fait de belles expériences sur la liquéfaction des gaz, par l'effet d'une pression considérable, ont cherché à reconnaître les changements de tension de ces gaz liquéfiés pour de légers changements de température. Ils avaient en vue l'application des nouveaux liquides à la production de la puissance motrice. (Voir *Annales de Chimie et de Physique*, janvier 1824, p. 80.) D'après la théorie ci-dessus exposée, on peut prévoir que l'emploi de ces liquides ne présenterait pas d'avantages relativement à l'économie de la chaleur. Les avantages ne pourraient se rencontrer que dans la basse température, à laquelle il serait possible d'agir, et dans les sources où, par cette raison, il deviendrait possible de puiser le calorique.

Nous aurions désiré pouvoir faire d'autres rapprochements de ce genre, pouvoir calculer, par exemple, la puissance motrice développée par l'action de la chaleur sur des solides et des liquides, par la congélation de l'eau, etc.; mais la Physique actuelle nous refuse les données nécessaires ([1]). La loi fondamentale que nous avions en vue de confirmer nous semblerait exiger cependant, pour être mise hors de doute, des vérifications nouvelles; elle est assise sur la théorie de la chaleur telle qu'on la conçoit aujourd'hui, et, il faut l'avouer, cette base ne nous paraît pas d'une solidité inébranlable. Des expériences nouvelles pourraient seules décider la question; en attendant, nous nous occuperons d'appliquer les idées théoriques ci-dessus exposées, en les regardant comme exactes, à l'examen des divers moyens proposés jusqu'à présent pour réaliser la puissance motrice de la chaleur.

On a quelquefois proposé de développer de la puissance motrice par l'action de la chaleur sur les corps solides. La manière de procéder qui se présente le plus naturellement à l'esprit est de fixer invariablement un corps solide, une barre métallique par exemple, par l'une de ses extrémités; d'attacher l'autre extrémité à une partie mobile de machine; puis, par des réchauffements et des refroidissements successifs, de faire varier la longueur de la barre et de produire ainsi des mouvements quelconques. Essayons de juger si cette manière de développer la puissance motrice peut être avantageuse. Nous avons fait voir que le caractère du meilleur emploi de la chaleur à la production du mouvement était que tous les changements de température survenus dans les corps fussent dus à des changements de volume. Plus on approchera de remplir cette condition, et mieux la chaleur sera utilisée. Or, en opérant de la manière qui vient d'être décrite, on est bien loin de remplir la condition dont il s'agit; aucun changement de température n'est dû ici à un changement de volume : tous sont dus aux contacts de corps diversement échauffés, au contact de la barre métallique, soit avec le corps chargé de lui fournir la chaleur, soit avec le corps chargé de la lui enlever.

([1]) Celles qui nous manquent sont la force expansive qu'acquièrent les solides et les liquides par un accroissement donné de température et la quantité de chaleur absorbée ou abandonnée dans les changements de volume de ces corps.

Le seul moyen de remplir la condition prescrite serait d'agir sur le corps solide absolument comme nous l'avons fait sur l'air dans les opérations décrites p. 17: mais il faudrait pour cela pouvoir produire par le seul changement de volume du corps solide des changements considérables de température, si du moins l'on voulait utiliser des chutes considérables du calorique; or c'est ce qui paraît impraticable. Plusieurs considérations conduisent en effet à penser que les changements opérés dans la température des corps solides ou liquides par l'effet de la compression et de la raréfaction seraient assez faibles.

1° On observe souvent dans les machines (dans les machines à feu particulièrement) des pièces solides qui supportent des efforts très-considérables, tantôt dans un sens, tantôt dans l'autre, et, quoique ces efforts soient quelquefois aussi grands que le permette la nature des substances mises en œuvre, les variations de température sont peu sensibles.

2° Dans l'action de frapper les médailles, dans celle du laminoir, de la filière, les métaux subissent la plus grande compression que nos moyens nous permettent de leur faire éprouver en employant les outils les plus durs et les plus résistants. Cependant l'élévation de température n'est pas considérable; si elle l'était, les pièces d'acier dont on fait usage dans ces opérations seraient bientôt détrempées.

3° On sait qu'il faudrait exercer sur les solides et les liquides un très-grand effort pour produire en eux une réduction de volume comparable à celle que leur fait éprouver le refroidissement (un refroidissement de 100 degrés à zéro, par exemple). Or le refroidissement exige une suppression de calorique plus grande que ne l'exigerait la simple réduction de volume. Si cette réduction était produite par un moyen mécanique, la chaleur dégagée ne pourrait donc pas faire varier la température du corps d'autant de degrés que le fait le refroidissement. Elle nécessiterait cependant l'emploi d'une force à coup sûr très-considérable.

Puisque les corps solides sont susceptibles de peu de changement de température par les changements de volume, puisque d'ailleurs la condition du meilleur emploi de la chaleur au développement de la puissance motrice est précisément que tout changement de température soit dû à un changement du volume, les corps solides paraissent peu propres à réaliser cette puissance.

7·

Les corps liquides sont absolument dans le même cas; les mêmes raisons peuvent être données pour rejeter leur emploi (¹).

Nous ne parlons pas ici des difficultés pratiques : elles seraient sans nombre. Les mouvements produits par la dilatation et la compression des corps solides ou liquides ne pourraient être que fort petits; on se verrait forcé, pour leur donner de l'extension, de faire usage de mécanismes compliqués; il faudrait employer des matériaux de la plus grande force pour transmettre des pressions énormes; enfin les opérations successives s'exécuteraient avec beaucoup de lenteur, comparées à celles de la machine à feu ordinaire, de sorte que des appareils de grandes dimensions et d'un prix considérable ne produiraient en somme que de médiocres effets.

Les fluides élastiques, gaz ou vapeurs, sont les véritables instruments appropriés au développement de la puissance motrice de la chaleur; ils réunissent toutes les conditions nécessaires pour bien remplir cet emploi : ils sont faciles à comprimer; ils jouissent de la faculté de se distendre presque infiniment; les variations de volume occasionnent chez eux de grands changements de température; enfin ils sont très-mobiles, faciles à échauffer et à refroidir promptement, faciles à transporter d'un lieu à un autre, ce qui donne la faculté de leur faire produire rapidement les effets que l'on attend d'eux.

On peut aisément concevoir une foule de machines propres à développer la puissance motrice de la chaleur par l'emploi des fluides élastiques; mais, de quelque manière que l'on s'y prenne, il ne faut pas perdre de vue les principes suivants :

1° La température du fluide doit être portée d'abord au degré le plus élevé possible, afin d'obtenir une grande chute de calorique, et par suite une grande production de puissance motrice.

2° Par la même raison, le refroidissement doit être porté aussi loin que possible.

3° Il faut faire en sorte que le passage du fluide élastique de la température la plus élevée à la température la plus basse soit dû à l'exten-

---

(¹) Des expériences récentes de M. Œrstedt, sur la compressibilité de l'eau, ont fait voir que, pour une pression de 5 atmosphères, la température de ce liquide n'éprouvait pas de changement appréciable. (Voir *Annales de Chimie et de Physique,* février 1823, p. 192.)

sion de volume, c'est-à-dire il faut faire en sorte que le refroidissement du gaz arrive spontanément par l'effet de la raréfaction.

Les bornes de la température à laquelle il est possible de faire arriver d'abord le fluide ne sont que les bornes de la température produite par la combustion ; elles sont très-éloignées.

Les bornes du refroidissement se rencontrent dans la température des corps les plus froids dont on puisse disposer facilement et en grande abondance : ces corps sont ordinairement les eaux du lieu où l'on se trouve.

Quant à la troisième condition, elle apporte des difficultés à la réalisation de la puissance motrice de la chaleur, lorsqu'il s'agit de mettre à profit de grandes différences de température, d'utiliser de grandes chutes du calorique. En effet, il faut alors que le gaz, par l'effet de sa raréfaction, passe d'une température très-élevée à une température très-basse, ce qui exige un grand changement de volume et de densité, ce qui exige que le gaz soit pris d'abord sous une pression très-forte, ou qu'il acquière, par l'effet de sa dilatation, un volume énorme, conditions l'une et l'autre difficiles à remplir. La première nécessite l'emploi de vaisseaux très-solides pour contenir le gaz à la fois sous une forte pression et à une haute température ; la seconde nécessite l'emploi de vaisseaux d'une dimension très-considérable.

Ce sont là, en effet, les principaux obstacles qui s'opposent à ce que l'on mette à profit, dans les machines à vapeur, une grande portion de la puissance motrice de la chaleur. On est forcé de se borner à utiliser une faible chute du calorique, tandis que la combustion du charbon fournit les moyens de s'en procurer une très-grande.

Il est rare que, dans les machines à vapeur, on donne naissance au fluide élastique sous une pression supérieure à 6 atmosphères, pression correspondant à environ 160 degrés centigrades, et il est rare que la condensation s'opère à une température fort au-dessous de 40 degrés; la chute de calorique de 160 à 40 degrés est 120 degrés, tandis qu'on peut se procurer, par la combustion, une chute de 1000 à 2000 degrés.

Pour mieux concevoir cela, nous rappellerons ce que nous avons désigné par chute de calorique : c'est le passage de la chaleur d'un corps A, où la température est élevée, à un autre B, où elle est plus basse. Nous disons que la chute du calorique est de 100 degrés ou de

1000 degrés lorsque la différence de température entre les corps A et B est 100 ou 1000 degrés.

Dans une machine à vapeur qui travaille sous la pression de 6 atmosphères, la température de la chaudière est 160 degrés : c'est là le corps A ; il est entretenu, par le contact du foyer, à la température constante 160 degrés, et fournit continuellement la chaleur nécessaire à la formation de la vapeur.

Le condenseur est le corps B ; il est entretenu, au moyen d'un courant d'eau froide, à la température à peu près constante de 40 degrés ; il absorbe continuellement le calorique qui lui est apporté du corps A par la vapeur. La différence de température entre ces deux corps est 160 — 40 ou 120 degrés : c'est pourquoi nous disons que la chute du calorique est ici 120 degrés.

Le charbon étant capable de produire par sa combustion une température supérieure à 1000 degrés, et l'eau froide dont on dispose le plus ordinairement dans nos climats étant à 10 degrés environ, l'on peut se procurer facilement une chute de calorique de 1000 degrés, chute dont 120 degrés seulement sont utilisés par les machines à vapeur ; encore ces 120 degrés ne sont-ils pas mis entièrement à profit : il se fait toujours des pertes considérables, dues à des rétablissements inutiles d'équilibre dans le calorique.

Il est aisé d'apercevoir maintenant quelles sont les causes de l'avantage des machines dites à haute pression sur les machines à pression plus basse : *cet avantage réside essentiellement dans la faculté de rendre utile une plus grande chute du calorique.* La vapeur prenant naissance sous une pression plus forte se trouve aussi à une température plus élevée, et comme, d'ailleurs, la température de la condensation reste toujours à peu près la même, la chute du calorique est évidemment plus considérable.

Mais pour tirer des machines à haute pression des résultats vraiment avantageux, il faut que la chute du calorique y soit mise à profit le mieux possible. Il ne suffit pas que la vapeur prenne naissance à une température élevée, il faut encore que, par l'extension de son volume, elle arrive à une température assez basse. Le caractère d'une bonne machine à vapeur doit donc être non-seulement d'employer la vapeur sous une forte pression, mais de *l'employer sous des pressions successives très-*

*variables, très-différentes les unes des autres, et progressivement décrois-
santes* (¹).

Pour faire sentir en quelque sorte, *à posteriori*, l'avantage des machines à haute pression, supposons de la vapeur formée sous la pression atmosphérique et introduite dans la capacité cylindrique *abcd*
(*fig.* 5) sous le piston *cd*, qui joignait d'abord le fond *ab* : la vapeur,

Fig. 5.

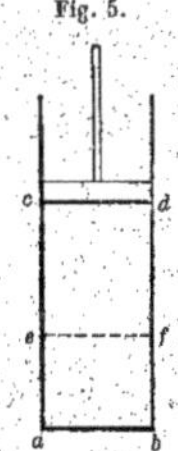

après avoir fait mouvoir le piston de *ab* en *cd*, poursuivra ultérieure-
ment ses effets d'une manière quelconque dont nous ne nous occupons
pas.

Imaginons que l'on force le piston parvenu en *cd* à s'abaisser en *ef*,
sans permettre à la vapeur de s'échapper, ni de perdre aucune portion

(¹) Ce principe, véritable fondement de la théorie des machines à vapeur, a été développé avec beaucoup de clarté par M. Clément, dans un Mémoire présenté à l'Académie des
Sciences, il y a quelques années. Ce Mémoire n'a jamais été imprimé, mais j'en ai dû la connaissance à la complaisance de l'auteur. Non-seulement le principe y est établi, mais il y est
appliqué aux divers systèmes de machines à vapeur actuellement en usage; la puissance
motrice de chacune y est évaluée par le secours de la loi citée (p. 36) et comparée aux
résultats de l'expérience.

Le principe dont il est ici question est tellement mal connu ou mal apprécié, que récemment M. Perkins, célèbre mécanicien de Londres, a construit une machine où la vapeur formée sous la pression de 35 atmosphères, pression jusqu'alors inusitée, ne reçoit presque
aucune extension de volume, comme on peut s'en convaincre par la plus légère connaissance
de cette machine. Elle est composée d'un seul cylindre, de dimension fort petite, qui, à
chaque pulsation, se remplit entièrement de vapeur formée sous la pression de 35 atmosphères. La vapeur ne produit aucun effet par l'extension de son volume, car on ne lui présente aucune capacité où cette extension puisse avoir lieu; on la condense aussitôt après sa
sortie du petit cylindre. Elle travaille donc seulement sous une pression de 35 atmosphères,

de son calorique. Elle sera refoulée dans l'espace *abef*, et augmentera
à la fois de densité, de force élastique et de température.

Si la vapeur, au lieu de prendre naissance sous la pression atmosphérique, eût pris naissance précisément à l'état où elle se trouve étant
refoulée en *abef*, et que, après avoir fait mouvoir par son introduction
dans le cylindre le piston de *ab* en *ef*, elle l'eût poussé par le seul effet
de son extension de volume de *ef* en *cd*, la puissance motrice produite
eût été plus considérable que dans le premier cas. En effet, le mouvement de piston, égal en amplitude, aurait eu lieu sous l'effort d'une
pression plus grande, quoique variable, quoique progressivement dé-
croissante.

La vapeur n'eût cependant exigé pour sa formation qu'une quantité
de calorique précisément égale; seulement ce calorique eût été pris à
une température plus élevée.

C'est d'après des considérations de ce genre qu'ont été établies les
machines à deux cylindres, machines inventées par M. Hornblower,
perfectionnées par M. Woolf, et qui passent pour les plus avantageuses
relativement à l'économie du combustible. Elles sont composées d'un
petit cylindre qui, à chaque pulsation, se remplit plus ou moins de
vapeur (souvent entièrement), et d'un second cylindre auquel on
donne ordinairement une capacité quadruple de celle du premier, et

---

et non, comme l'exigerait son bon emploi, sous des pressions progressivement décroissantes. Aussi la machine de M. Perkins ne paraît-elle pas réaliser les espérances qu'elle avait
d'abord fait concevoir. On avait prétendu que l'économie de charbon, produite par cette
machine, était des $\frac{9}{16}$ sur les bonnes machines de Watt, et que l'on y rencontrait encore
d'autres avantages. (Voir *Annales de Chimie et de Physique*, avril 1823, p. 429.) Ces asser-
tions ne se sont pas vérifiées. La machine de M. Perkins n'en est pas moins une invention précieuse, en ce qu'elle a montré la possibilité de faire usage de la vapeur sous des pressions
beaucoup plus élevées qu'on ne l'avait fait jusqu'alors, et parce qu'elle peut conduire, étant
habilement modifiée, à des résultats vraiment utiles.

Watt, à qui l'on doit presque toutes les grandes améliorations des machines à vapeur, et
qui a porté ces machines à un état de perfection aujourd'hui difficile à dépasser, Watt est
aussi le premier qui ait employé la vapeur sous des pressions progressivement décroissantes.
Dans beaucoup de cas, il suspendait l'introduction de la vapeur dans le cylindre, à moitié,
au tiers, au quart de la course du piston, qui s'achevait ainsi sous une pression de plus en
plus faible. Les premières machines agissant sur ce principe datent de 1778. Watt en avait
conçu l'idée dès 1769, et prit patente pour cet objet en 1782.

Voici une Table qui se trouvait annexée à la patente de Watt. Il supposait la vapeur intro-

qui ne reçoit d'autre vapeur que celle qui a déjà agi dans le premier cylindre. Ainsi la vapeur, au terme de son action, a au moins quadruplé de volume. Du second cylindre elle est portée directement dans le condenseur; mais on conçoit qu'elle pourrait être portée dans un troisième cylindre quadruple du second et où son volume deviendrait seize fois le volume primitif. Le principal obstacle qui s'oppose à l'emploi d'un troisième cylindre de ce genre est la capacité qu'il faudrait

duite dans le cylindre pendant le premier quart de la course du piston; puis, divisant cette course en vingt parties, il calculait ainsi la pression moyenne :

PORTIONS DE LA DESCENTE DEPUIS LE SOMMET DU CYLINDRE.		PRESSION DÉCROISSANTE DE LA VAPEUR, la pression entière étant 1.	
	0,05	1,000	
	0,10	1,000	
	0,15	1,000	Pression entière.
	0,20	1,000	
Quart........... 0,25		1,000	
	0,30	0,830	
	0,35	0,714	
	0,40	0,625	
	0,45	0,555	
Moitié......... 0,50		0,500	Moitié de la pression primitive.
	0,55	0,454	
	0,60	0,417	
	0,65	0,385	
	0,70	0,375	
	0,75	0,333	Tiers.
	0,80	0,312	
	0,85	0,294	
	0,90	0,277	
	0,95	0,262	
Fond du cylindre. 1,00		0,025	Quart.
	Somme.....	11,583	

La vapeur arrivant librement de la chaudière (portions 0,05 à 0,25). La vapeur étant interceptée, et la descente ne s'opérant que par la seule expansion (portions 0,30 à 1,00).

$$\text{Pression moyenne } \frac{11,583}{20} = 0,579.$$

Sur quoi il remarquait que la pression moyenne est plus de moitié de la pression première; qu'ainsi, en employant une quantité de vapeur égale au quart, il produisait un effet plus que moitié.

Watt supposait ici que la vapeur observe dans sa dilatation la loi de Mariotte; ce qu'il ne

lui donner, et les grandes dimensions qu'il faudrait faire acquérir aux
ouvertures destinées à livrer passage à la vapeur (¹). Nous n'en dirons
pas davantage sur ce sujet, notre objet n'étant pas d'entrer ici dans les
détails de construction des machines à feu : ces détails réclameraient
un ouvrage qui en traitât spécialement, et qui n'existe pas encore, du
moins en France (²).

---

devait pas regarder comme exact, parce que, d'une part, le fluide élastique, en se dilatant,
s'abaisse de température, et que, de l'autre, rien ne prouvait qu'il ne se condense pas une
partie de ce fluide par l'effet de son expansion. Watt aurait dû aussi avoir égard à la force
nécessaire pour expulser la vapeur qui reste après la condensation, et qui se trouve en quantité d'autant plus grande que l'extension du volume a été poussée plus loin. Le docteur Ro-
binson avait ajouté au travail de Watt une formule simple pour calculer l'effet de l'expansion de la vapeur; mais cette formule se trouve entachée des mêmes vices que nous venons
de signaler. Elle a été néanmoins utile aux constructeurs en leur fournissant une donnée
approximative à peu près suffisante pour la pratique. Nous avons jugé utile de rappeler ces
faits, parce qu'ils sont peu connus, surtout en France. On y construit des machines sur les
modèles des inventeurs, mais on apprécie mal les motifs qui ont guidé ceux-ci dans l'origine. L'oubli de ces motifs a conduit souvent dans des fautes graves. Des machines, origi-
nairement bien conçues, se sont détériorées entre les mains de constructeurs inhabiles, qui,
voulant y introduire des perfectionnements de peu d'importance, ont négligé les considérations
capitales qu'ils ne savaient pas apprécier.

(¹) L'avantage de deux cylindres substitués à un seul est facile à apercevoir. Dans un seul
cylindre, l'impulsion du piston serait excessivement variable, du commencement à la fin de
la course. Il faudrait que toutes les pièces destinées à transmettre le mouvement fussent
d'une force suffisante pour résister à la première impulsion, et parfaitement assemblées
entre elles pour éviter des mouvements brusques dont elles auraient beaucoup à souffrir,
qui même les auraient bientôt détruites. Ce serait surtout sur le balancier, sur les supports,
sur la bielle, sur la manivelle, sur les premières roues dentées, que l'inégalité d'impulsion
se ferait sentir et produirait les effets les plus nuisibles. Il serait nécessaire, en outre, que
le cylindre à vapeur fût à la fois d'une force suffisante pour supporter la pression la plus
élevée, et d'une capacité assez considérable pour contenir la vapeur après son extension de
volume, tandis qu'en faisant usage de deux cylindres successifs, il suffit de donner au premier la force avec une capacité médiocre, ce qui est chose facile, et au dernier les grandes
dimensions avec une force médiocre.

Les machines à deux cylindres, quoique conçues sur d'assez bons principes, se trouvent
souvent loin de produire les résultats avantageux que l'on aurait droit d'attendre d'elles.
Cela tient surtout à ce que les dimensions des diverses parties de ces machines sont difficiles
à bien régler, et qu'elles se trouvent rarement dans un juste rapport les unes avec les autres.
On manque de bons modèles pour la construction des machines à deux cylindres, tandis que
l'on en possède d'excellents pour la construction des machines du système de Watt. De là
vient la diversité que l'on observe dans les effets des unes et la presque uniformité que l'on
observe dans ceux des autres.

(²) On trouve, dans l'ouvrage intitulé *De la Richesse minérale*, par M. Héron de Ville-

Si la distension de la vapeur est bornée principalement par les dimensions des vaisseaux où elle doit se dilater, le degré de condensation auquel il est possible de l'employer d'abord n'est limité que par la résistance des vaisseaux où elle prend naissance, c'est-à-dire des chaudières. Sous ce rapport, on est loin d'avoir atteint la limite du mieux possible ; la disposition des chaudières généralement en usage est tout à fait vicieuse, quoique la tension de la vapeur y soit rarement portée au delà de 4 à 6 atmosphères ; elles éclatent souvent et ont causé des accidents graves. Il serait sans doute très-possible d'éviter de pareils accidents et de porter cependant la vapeur à des tensions beaucoup plus fortes qu'on ne le fait généralement.

Outre les machines à haute pression à deux cylindres et dont nous avons parlé, il existe encore des machines à haute pression à un seul cylindre. La plupart de ces dernières ont été construites par deux habiles ingénieurs anglais, MM. Trevetick et Vivian. Elles emploient la vapeur sous une pression très-élevée, quelquefois 8 à 10 atmosphères, mais elles sont sans condenseur. La vapeur, après avoir été introduite dans le cylindre, y reçoit une certaine extension de volume, mais conserve toujours une pression plus élevée que la pression atmosphérique. Lorsqu'elle a rempli son office, on la rejette dans l'atmosphère. Il est évident que cette façon d'agir équivaut tout à fait, sous le rapport de la puissance motrice produite, à condenser la vapeur à 100 degrés, et que l'on perd une partie de l'effet utile ; mais les machines qui opèrent ainsi dispensent de condenseur et de pompe à air. Elles sont moins coûteuses que les autres, moins compliquées, elles occupent moins de place, et peuvent s'employer dans les lieux où l'on ne dispose pas d'un courant d'eau froide suffisant pour opérer la condensation. Elles sont là d'un avantage inappréciable, puisque l'on ne peut pas les remplacer par d'autres. Ces machines sont principalement employées, en Angleterre, à mouvoir des chariots destinés au transport de la houille sur des chemins de fer établis, soit dans l'intérieur des mines, soit à ciel ouvert.

----

fosse, IIIe vol., p. 50 et suivantes, une bonne description des machines à vapeur actuellement en usage dans l'exploitation des mines. En Angleterre, on a traité des machines à vapeur d'une manière assez complète dans l'*Encyclopédie britannique*. Quelques-unes des données dont nous nous servons ici sont tirées de ce dernier ouvrage.

8.

Il nous reste à faire quelques réflexions sur l'emploi des gaz permanents et des vapeurs autres que celle de l'eau au développement de la puissance motrice du feu.

On a essayé à diverses reprises de faire agir la chaleur sur l'air atmosphérique pour donner naissance à la puissance motrice. Ce gaz présente, relativement à la vapeur d'eau, des avantages et des inconvénients que nous allons examiner.

1° Il présente, relativement à la vapeur d'eau, un avantage notable en ce que ayant à volume égal une capacité pour la chaleur beaucoup moindre, il se refroidirait davantage par une extension semblable au volume (ce fait est prouvé par ce que nous avons dit précédemment). Or on a vu de quelle importance il était d'occasionner, par les changements de volume, les plus grands changements possibles dans la température.

2° La vapeur d'eau ne peut être formée que par l'intermédiaire d'une chaudière, tandis que l'air atmosphérique pourrait être échauffé immédiatement par une combustion exécutée dans son sein. On éviterait ainsi une perte considérable, non-seulement dans la quantité de chaleur, mais encore dans son degré thermométrique. Cet avantage appartient exclusivement à l'air atmosphérique; les autres gaz n'en jouissent pas : ils seraient même plus difficiles à échauffer que la vapeur d'eau.

3° Afin de pouvoir donner à l'air une grande extension de volume, afin de produire par cette extension un grand changement de température, il serait nécessaire de le prendre d'abord sous une pression assez élevée : il faudrait donc le comprimer par une pompe pneumatique, ou par tout autre moyen avant de l'échauffer. Cette opération exigerait un appareil particulier, appareil qui n'existe pas dans les machines à vapeur. Dans celles-ci, l'eau est à l'état liquide lorsqu'on la fait pénétrer dans la chaudière; elle n'exige, pour y être introduite, qu'une pompe foulante de petites dimensions.

4° Le refroidissement de la vapeur par le contact du corps réfrigérant est bien plus prompt et bien plus facile que ne peut l'être celui de l'air. A la vérité, on aurait la ressource de rejeter celui-ci dans l'atmosphère, ce qui aurait en outre l'avantage d'éviter l'emploi d'un réfrigérant dont on ne dispose pas toujours, mais il faudrait pour cela que l'extension

de volume de l'air ne l'eût pas fait arriver à une pression moindre que
la pression atmosphérique.

5° Un des inconvénients les plus graves de la vapeur est de ne pouvoir pas être prise à de hautes températures, sans nécessiter l'emploi
de vaisseaux d'une force extraordinaire. Il n'en est pas de même de
l'air, pour lequel il n'existe pas de rapport nécessaire entre la force
élastique et la température. L'air semblerait donc plus propre que la
vapeur à réaliser la puissance motrice des chutes du calorique dans les
degrés élevés : peut-être, dans les degrés inférieurs, la vapeur d'eau
est-elle plus convenable. On concevrait même la possibilité de faire
agir la même chaleur successivement sur l'air et sur la vapeur d'eau.
Il suffirait de laisser à l'air, après son emploi, une température élevée,
et, au lieu de le rejeter immédiatement dans l'atmosphère, de lui faire
envelopper une chaudière à vapeur, comme s'il sortait immédiatement
d'un foyer.

L'emploi de l'air atmosphérique au développement de la puissance
motrice de la chaleur présenterait, dans la pratique, des difficultés
très-grandes, mais peut-être pas insurmontables ; si l'on parvenait à les
vaincre, il offrirait sans doute une supériorité remarquable sur la
vapeur d'eau (¹).

(¹) Parmi les tentatives faites pour développer la puissance motrice du feu par l'intermédiaire de l'air atmosphérique, on doit distinguer celles de MM. Niepce, qui ont eu lieu en
France, il y a plusieurs années, au moyen d'un appareil nommé par les inventeurs *pyréolo-*
phore. Voici en quoi consistait à peu près cet appareil : c'était un cylindre, muni d'un piston, où l'air atmosphérique était introduit à la densité ordinaire. On y projetait une matière
très-combustible, réduite à un grand état de ténuité, et qui restait un moment en suspen-
sion dans l'air, puis on y mettait le feu. L'inflammation produisait à peu près le même effet
que si le fluide élastique eût été un mélange d'air et de gaz combustible, d'air et d'hydrogène carboné par exemple ; il y avait une sorte d'explosion et une dilatation subite du fluide
élastique, dilatation que l'on mettait à profit en la faisant agir tout entière contre le piston.
Celui-ci prenait un mouvement d'une amplitude quelconque, et la puissance motrice se trouvait ainsi réalisée. Rien n'empêchait ensuite de renouveler l'air et de recommencer une opération semblable à la première.

Cette machine, fort ingénieuse, et intéressante surtout par la nouveauté de son principe,
péchait par un point capital : la matière dont on faisait usage comme combustible (c'était
la poussière de lycopode, employée à produire des flammes sur nos théâtres) était trop chère
pour que tout avantage ne disparût pas par cette cause ; et malheureusement il était difficile

Quant aux autres gaz permanents, ils doivent être absolument rejetés : ils ont tous les inconvénients de l'air atmosphérique, sans présenter aucun de ses avantages.

On peut en dire autant des vapeurs autres que celles de l'eau comparées à cette dernière.

S'il se rencontrait un corps liquide abondant, qui se vaporisât à une température plus élevée que l'eau, dont la vapeur eût sous le même volume une chaleur spécifique moindre, qui n'attaquât pas les métaux employés à la construction des machines, il mériterait sans doute la préférence ; mais la nature ne nous offre pas un pareil corps.

On a proposé quelquefois l'emploi de la vapeur d'alcool, on a même construit des machines dont le but était de rendre cet emploi possible, en évitant de mêler les vapeurs avec l'eau de condensation, c'est-à-dire en appliquant le corps froid extérieurement, au lieu de l'introduire dans la machine. On croyait apercevoir dans la vapeur d'alcool un avantage remarquable en ce qu'elle possède une tension plus forte que la vapeur d'eau à égale température. Nous ne pouvons voir là qu'un nouvel obstacle à surmonter. Le principal défaut de la vapeur d'eau est sa tension excessive à une température élevée : or ce défaut existe à plus forte raison dans la vapeur d'alcool. Quant à l'avantage relatif à une plus grande production de puissance motrice, avantage

---

d'employer un combustible de prix modéré, car il fallait un corps en poudre très-fine, dont l'inflammation fût prompte, facile à propager, et laissât peu ou point de cendres.

Au lieu d'opérer comme le faisaient MM. Niepce, il nous eût semblé préférable de comprimer l'air par des pompes pneumatiques, de lui faire traverser un foyer parfaitement clos, et dans lequel on eût introduit le combustible en petites portions par un mécanisme facile à concevoir ; de lui faire développer son action dans un cylindre à piston ou dans toute autre capacité extensible ; de le rejeter enfin dans l'atmosphère, ou même de le faire passer sous une chaudière à vapeur, afin d'utiliser la température qui lui serait restée.

Les principales difficultés que l'on eût rencontrées dans ce mode d'opération eussent été de renfermer le foyer dans une enveloppe d'une solidité suffisante, d'entretenir cependant la combustion à un état convenable, de maintenir les diverses parties de l'appareil à une température modérée, et d'empêcher les dégradations rapides du cylindre et du piston. Nous ne croyons pas ces difficultés insurmontables.

Il a été fait, dit-on, tout récemment en Angleterre des essais heureux sur le développement de la puissance motrice par l'action de la chaleur sur l'air atmosphérique. Nous ignorons entièrement en quoi ces essais ont consisté, si toutefois ils sont réels.

que l'on croyait devoir rencontrer, nous savons, par les principes exposés ci-dessus, qu'il est imaginaire.

C'est donc sur l'emploi de la vapeur d'eau et de l'air atmosphérique que doivent porter les tentatives ultérieures de perfectionnement des machines à feu ; c'est à utiliser, par le moyen de ces agents, les plus grandes chutes possibles du calorique, que doivent être dirigés tous les efforts.

Nous terminerons en faisant apercevoir combien on est loin d'avoir réalisé, par les moyens connus jusqu'à présent, toute la puissance motrice des combustibles.

Un kilogramme de charbon brûlé dans le calorimètre fournit une quantité de chaleur capable d'élever de 1 degré centigrade 7000 kilogrammes d'eau environ, c'est-à-dire qu'il fournit 7000 unités de chaleur d'après la définition donnée p. 45 de ces unités.

La plus grande chute réalisable du calorique est mesurée par la différence entre la température produite par la combustion et celle des corps employés au refroidissement. Il est difficile d'apercevoir à la température de la combustion d'autres limites que celles où la combinaison entre l'oxygène et le combustible peut s'effectuer. Admettons cependant que 1000 degrés soient cette limite, et nous nous tiendrons certainement au-dessous de la vérité. Quant à la température du réfrigérant, supposons-la 0 degré.

Nous avons évalué approximativement, p. 47, la quantité de puissance motrice que développent 1000 unités de chaleur du degré 100 au degré 99 : nous l'avons trouvée 1,112 unités de puissance égales chacune à 1 mètre d'eau élevé de 1 mètre de hauteur.

Si la puissance motrice était proportionnelle à la chute du calorique, si elle était la même pour chaque degré thermométrique, rien ne serait plus facile que de l'estimer de 1000 degrés à 0 degré : elle aurait pour valeur

$$1,112 \times 100 = 1112.$$

Mais comme cette loi n'est qu'approximative et qu'elle s'écarte peut-être beaucoup de la vérité dans les degrés élevés, nous ne pouvons faire qu'une évaluation tout à fait grossière : nous supposerons le nombre 1112 réduit à moitié, c'est-à-dire à 560.

Puisque un kilogramme de charbon produit 7000 unités de chaleur et que le nombre 56o est relatif à 1000 unités, il faut le multiplier par 7, ce qui donne

$$7 \times 56o = 3920.$$

Voilà la puissance motrice d'un kilogramme de charbon.

Pour comparer ce résultat théorique avec les résultats d'expérience, examinons combien un kilogramme de charbon développe réellement de puissance motrice dans les meilleures machines à feu connues.

Les machines qui ont présenté jusqu'ici les résultats les plus avantageux sont les grandes machines à deux cylindres employées à l'épuisement des mines d'étain et de cuivre de Cornwall. Voici les meilleurs produits qu'elles aient jamais fournis.

65 millions de livres d'eau ont été élevées d'un pied anglais par boisseau de charbon brûlé (le boisseau pèse 88 livres). Cet effet équivaut à élever, par kilogramme de charbon, 195 mètres cubes d'eau à un mètre de hauteur, à produire par conséquent 195 unités de puissance motrice par kilogramme de charbon brûlé (¹).

195 unités ne sont que le vingtième de 3920, maximum théorique : par conséquent $\frac{1}{20}$ seulement de la puissance motrice du combustible a été utilisé.

Nous avons cependant choisi notre exemple parmi les meilleures machines à vapeur connues.

(¹) Le résultat que nous rapportons ici a été fourni par une machine dont le grand cylindre a pour dimensions 45 pouces de diamètre et 7 pieds de course; elle est employée à l'épuisement d'une des mines de Cornwall, nommée Wheal Abraham. Ce résultat doit être considéré en quelque sorte comme une exception, car il n'a été que momentané et ne s'est soutenu que pendant un seul mois. Le produit de 3o millions de livres, élevées de 1 pied anglais par boisseau de charbon de 88 livres, est regardé généralement comme un excellent résultat des machines à vapeur. Il est quelquefois atteint par les machines du système de Watt, mais bien rarement dépassé. Ce dernier produit revient, en mesures françaises, à 104 000 kilogrammes élevés à 1 mètre de hauteur par kilogramme de charbon brûlé.

D'après ce que l'on entend ordinairement par force d'un cheval, dans l'évaluation des effets des machines à vapeur, une machine de 10 chevaux doit élever par seconde 10×75 kilogrammes, ou 750 kilogrammes, à 1 mètre de hauteur, ou bien, par heure, $750 \times 3600 = 2700000$ kilogrammes à 1 mètre. Si nous supposons que chaque kilogramme de charbon élève à cette hauteur 104 000 kilogrammes, il faudra, pour connaître le charbon brûlé en une heure par notre machine de 10 chevaux, diviser 2 700 000 par 104 000, ce qui donne $\frac{2700}{104} = 26$ kilogrammes. Or il est bien rare de voir une machine de 10 chevaux consommer moins de 26 kilogrammes de charbon par heure.

La plupart des autres leur sont bien inférieures. L'ancienne machine de Chaillot, par exemple, élève 20 mètres cubes d'eau à 33 mètres pour 3o kilogrammes de charbon brûlé, ce qui revient à 22 unités de puissance motrice par kilogramme, résultat neuf fois moindre que celui cité ci-dessus, et cent quatre-vingts fois moindre que le maximum théorique.

On ne doit pas se flatter de mettre jamais à profit, dans la pratique, toute la puissance motrice des combustibles. Les tentatives que l'on ferait pour approcher de ce résultat seraient même plus nuisibles qu'utiles, si elles faisaient négliger d'autres considérations importantes. L'économie du combustible n'est qu'une des conditions à remplir par les machines à feu; dans beaucoup de circonstances, elle n'est que secondaire : elle doit souvent céder le pas à la sûreté, à la solidité, à la durée de la machine, au peu de place qu'il faut lui faire occuper, au peu de frais de son établissement, etc. Savoir apprécier, dans chaque cas, à leur juste valeur, les considérations de convenance et d'économie qui peuvent se présenter; savoir discerner les plus importantes de celles qui sont seulement accessoires, les balancer toutes convenablement entre elles, afin de parvenir, par les moyens les plus faciles, au meilleur résultat, tel doit être le principal talent de l'homme appelé à diriger, à coordonner entre eux les travaux de ses semblables, à les faire concourir vers un but utile de quelque genre qu'il soit.

LETTRE

ADRESSÉE

A M. LE PRÉSIDENT ET A MM. LES MEMBRES

DE L'ACADÉMIE DES SCIENCES,

Par M. H. CARNOT,

Sénateur.

Paris, le 3o novembre 1878.

Monsieur le Président,

Le nom de mon frère aîné, Sadi Carnot, a été plusieurs fois prononcé devant l'Académie; plusieurs fois, ses *Réflexions sur la puissance motrice du feu* ont été signalées comme ayant engendré une science nouvelle, la Thermodynamique. Ce Mémoire, seul écrit que l'auteur ait achevé, n'a reçu qu'une publicité très-restreinte, en 1824, et peu de personnes ont connaissance de son texte. Une édition nouvelle était donc nécessaire, et j'ai cru devoir l'accompagner d'une Notice biographique sur mon frère, dont la vie est encore moins connue que l'Ouvrage. J'y joins quelques fragments inédits, qui, s'ils n'apportent point à la Science des résultats nouveaux, témoignent que Sadi Carnot avait prévu avec une assez grande netteté les conséquences que l'on a plus tard tirées de ses idées. Leur révélation est donc envers l'auteur un acte de justice. Et, pour qu'il ne reste à cet égard aucune incertitude, j'ai l'honneur de vous adresser le manuscrit même de mon frère, avec prière de vouloir bien en ordonner le dépôt dans les Archives de l'Institut, où il pourra toujours être consulté.

Permettez-moi, Monsieur le Président, d'ajouter à cet envoi celui d'un manuscrit autographe des *Réflexions sur la puissance motrice du feu*. Peut-être l'Académie le jugera-t-elle digne du même honneur : le point de départ d'une

9

science ne saurait manquer d'intérêt à vos yeux, surtout quand elle a contribué, comme la Théorie mécanique de la chaleur, aux progrès modernes de
toutes les Sciences physiques.

L'Ouvrage de Sadi Carnot renferme, avec d'importantes observations sur les
propriétés des gaz, sur leurs chaleurs spécifiques, sur les effets de leurs
changements de volumes, l'exposé de l'un des deux principes fondamentaux
de la Thermodynamique, du principe auquel est particulièrement attaché son
nom, et dont plus tard Clausius a démontré l'exactitude en dehors de toute
hypothèse sur la nature de la chaleur.

On trouve dans le même Ouvrage les premiers exemples de ces *cycles
d'opérations* dont la Théorie mécanique de la chaleur a fait depuis un si fécond
usage. L'importance n'en fut pas appréciée tout de suite ; mais, dix ans plus
tard, Clapeyron remit en lumière les nouvelles formes de raisonnement de
Sadi Carnot, en y joignant une représentation graphique qui rendit beaucoup
plus faciles leur intelligence et leur application.

La Science se trouva donc pourvue de méthodes qui devaient lui permettre
de développer rapidement les conséquences des lois de la Thermodynamique,
lorsque ces lois eurent été complétées et solidement assises par les décou-
vertes de Mayer, de Colding et de Joule.

Ces lois, la loi d'équivalence du moins, était ignorée de tous, et de Sadi
Carnot lui-même, lorsqu'il composa son livre. Elle se dégagea peu à peu dans
la suite de ses travaux. Il arriva à la concevoir et à la formuler exactement :
ses notes manuscrites, ses programmes d'expériences ne laissent aucun doute
à cet égard. On sera frappé, en les lisant, de l'analogie qui existe entre certaines des idées qu'il exprime et celles qui ont été plus tard développées par
Mayer, entre ses projets d'expériences et les expériences qui ont été réalisées
par Joule. Il est bien entendu que la similitude dont nous parlons ne diminue
en rien le mérite de ces savants, puisqu'ils n'eurent pas connaissance des travaux de leur prédécesseur. Mais il est juste aussi de dire que celui-ci était
parvenu, dix ou quinze ans plus tôt, à la notion exacte des mêmes principes ;
car, sans pouvoir assigner une date précise aux notes manuscrites de Sadi
Carnot, on sait, du moins, qu'elles sont postérieures à 1824 et antérieures à
1832, époques, l'une de la publication de son Ouvrage et l'autre de sa mort.

Les Notes de Sadi Carnot contiennent une série d'objections contre l'hypothèse de la matérialité du calorique, hypothèse admise presque universelle-

ment jusqu'alors, sous l'autorité des plus grands noms, et que lui-même avait prise pour point de départ dans ses *Réflexions sur la puissance motrice du feu.* Il propose d'y substituer une autre hypothèse, d'après laquelle la chaleur serait le résultat d'un mouvement vibratoire des molécules.

« La chaleur, dit-il, est donc le résultat d'un mouvement.

» Alors il est tout simple qu'elle puisse se produire par la consommation de puissance motrice et qu'elle puisse produire cette puissance. »

Sadi Carnot ne se borne pas à signaler la transformation de la chaleur en travail : il insiste, à plusieurs reprises, sur l'équivalence de ces deux quantités. Le principe d'équivalence, tel que nous le concevons aujourd'hui, n'est-il pas clairement exprimé dans les phrases suivantes ?

« Partout où il y a destruction de puissance motrice, il y a en même temps production de chaleur, en quantité précisément proportionnelle à la quantité de puissance motrice détruite. Réciproquement, partout où il y a destruction de chaleur, il y a production de puissance motrice.

» D'après quelques idées que je me suis formées sur la théorie de la chaleur, la production d'une unité de puissance motrice nécessite la destruction de 2,70 unités de chaleur. »

Si l'on compare cette évaluation à celles qui ont été données plus tard, on remarquera que l'unité de puissance motrice dont il est ici question est la *dynamie*, définie ailleurs *le travail effectué en élevant 1 mètre cube d'eau à 1 mètre de hauteur.* Elle équivaut donc à 1000 kilogrammètres, et par conséquent l'unité de chaleur correspondrait, d'après cette note, à $\frac{1000}{2,70}$ ou à 370 kilogrammètres.

En 1842, Mayer, prenant pour point de départ de ses calculs les valeurs du coefficient de dilatation et de la chaleur spécifique de l'air, qui avaient cours à cette époque dans la science, arriva au nombre de 365 kilogrammètres. Depuis les expériences de Joule, on a généralement adopté le nombre 425 pour l'équivalent mécanique d'une unité de chaleur.

Ainsi, non-seulement Sadi Carnot était arrivé à la notion précise de l'équivalence entre les quantités de chaleur et de puissance motrice, mais il avait réussi à représenter cette équivalence par une valeur numérique, et cette valeur était même un peu plus voisine de la vérité que celle de Mayer.

Nous sommes donc fondés à dire que si, dans son premier Ouvrage, publié en 1824, il a formulé le principe auquel on a conservé son nom, par ses travaux ultérieurs il est aussi parvenu à la découverte du principe d'équivalence, qui forme, avec le premier, la base fondamentale de la Thermodynamique.

Une mort prématurée ne lui a pas permis d'établir cette loi sur des preuves assez solides pour la faire connaître au monde savant.

Veuillez, Monsieur le Président, recevoir l'hommage de ma plus haute considération.

H. Carnot.

SUR SADI CARNOT.

L'existence de Sadi Carnot n'ayant été marquée par aucun événement notable, sa biographie pourrait tenir en quelques lignes. Mais un travail scientifique de lui, demeuré longtemps obscur, remis en lumière plusieurs années après sa mort, a placé son nom parmi ceux des inventeurs. Quant à sa personne, quant à son esprit, quant à son caractère, tout cela est parfaitement inconnu. Puisqu'il reste un témoin de sa vie intime, le seul témoin, celui-ci n'a-t-il pas un devoir à remplir? Ne doit-il pas satisfaire la curiosité naturelle, et très-légitime, qui s'attache à tout homme dont l'œuvre a mérité une part de gloire?

Nicolas-Léonard-Sadi Carnot naquit le 1er juin 1796, au petit Luxembourg. C'était la portion du Palais qu'habitait alors notre père, comme membre du Directoire. Notre père avait une prédilection pour le nom de Sadi, qui rappelait à son esprit des idées de sagesse et de poésie. Son premier-né avait porté ce nom, et, malgré le sort de ce pauvre enfant, dont l'existence n'avait duré que peu de mois, il appela encore le second Sadi, en souvenir du célèbre Persan, poète et moraliste.

Une année à peine s'était écoulée quand la proscription vint frapper le Directeur, obligé de dérober sa vie, tout au moins sa liberté, aux conspirateurs de fructidor. Notre mère emporta son fils loin du Palais, où venait de triompher la violation des lois. Elle se réfugia à Saint-Omer, dans sa famille, tandis que son mari s'exilait en Suisse, puis en Allemagne.

« Ton frère est né au milieu des soucis et des agitations de la grandeur, toi dans le calme d'une obscure retraite, m'a dit souvent cette excellente mère; votre constitution à chacun se ressent de cette différence d'origine. »

Mon frère, en effet, était de complexion délicate : il se raffermit plus tard par des exercices de corps très-variés et judicieusement combinés. Il était de taille moyenne, doué d'une extrême sensibilité et en même temps d'une extrême énergie, plus que réservé, presque sauvage, mais singulièrement hardi dans l'occasion. Lorsqu'il croyait lutter contre l'injustice, rien ne le retenait. Pourquoi ne pas raconter une anecdote qui nous le montre sous cet aspect dès l'enfance?

Le Directoire avait fait place au Consulat. Carnot, après deux ans d'exil, rentré dans sa patrie, fut appelé au Ministère de la Guerre. Bonaparte, en ce temps, ménageait encore les républicains; il se rappelait que Carnot avait protégé ses débuts dans la carrière militaire, et il continuait les relations d'intimité qui avaient régné entre eux pendant le Directoire. Quand le Ministre se rendait à la Malmaison pour travailler avec le premier Consul, il emmenait souvent son fils, âgé d'environ quatre ans, et celui-ci demeurait auprès de Mme Bonaparte, qui l'avait en grande affection.

Cette dernière, un jour, et quelques autres dames étaient montées dans une petite nacelle et la dirigeaient elles-mêmes sur un étang. Bonaparte survient, s'amuse à ramasser des pierres et à les jeter autour de la nacelle, de manière à faire jaillir de l'eau sur les fraiches toilettes des batelières. Celles-ci n'osent pas manifester tout haut leur déplaisir. Le petit garçon, après avoir observé quelque temps ce manége, vient tout à coup se poser crânement devant le vainqueur de Marengo, et le menaçant du poing : « Animal de premier Consul, crie-t-il, veux-tu ne pas taquiner ces dames ! »

Bonaparte, à cette apostrophe inattendue, s'arrête, regarde tout étonné l'enfant, puis il est pris d'un fou rire qui gagne tous les spectateurs de la scène.

Une autre fois, au moment où le Ministre, voulant retourner à Paris, cherchait son fils, confié à Mme Bonaparte, celle-ci s'aperçut qu'il lui avait échappé. On le trouva fort loin, dans un moulin, s'en faisant expliquer le mécanisme. Ce désir le préoccupait depuis plusieurs jours;

et le brave meunier, sans connaître l'enfant, répondait avec complaisance à ses questions. La curiosité, appliquée surtout aux objets de la
Mécanique et de la Physique, était un des traits essentiels de Sadi.

Devant cette disposition, manifestée de si bonne heure, Carnot
n'hésita pas à diriger vers la Science les études de son fils. Il put entre-
prendre lui-même cette tâche, quand les tendances monarchiques du
nouveau gouvernement l'eurent déterminé à s'en séparer pour se confi-
ner dans une laborieuse retraite. Sadi suivit seulement pendant quelques
mois les cours de M. Bourdon, au lycée Charlemagne, pour se préparer
à l'École Polytechnique.

L'élève fit de rapides progrès : il avait juste seize ans lorsqu'il fut
admis à l'École, le vingt-quatrième de sa promotion. C'était en 1812.
L'année suivante, il en sortit le premier dans l'artillerie. Mais on le
jugea trop jeune pour l'école de Metz, et il obtint de continuer ses
études à Paris pendant une année ([1]). C'est à cette circonstance qu'il
dut de prendre part, en mars 1814, au fait d'armes de Vincennes, et
non de la butte Chaumont, comme l'ont écrit presque tous les histo-
riens du siége de Paris. L'honorable M. Chasles, un des condisciples de
Sadi, a pris soin de rectifier cette erreur dans une séance de l'Institut,
en 1869.

Si les élèves de l'École Polytechnique n'étaient pas entrés plus tôt
en campagne, ce n'était pas faute de l'avoir sollicité. Je trouve dans les
papiers de mon frère la copie d'une adresse à l'Empereur, signée par
eux le 29 décembre 1813 :

« Sire, la patrie a besoin de tous ses défenseurs ; les élèves de l'École
Polytechnique, fidèles à leur devise, demandent de voler aux frontières
pour partager la gloire des braves qui se dévouent au salut de la
France. Le bataillon, fier d'avoir contribué à la défaite des ennemis,
reviendra dans cette enceinte cultiver les sciences et se préparer à de
nouveaux services. »

Le général Carnot était à Anvers, qu'il venait de défendre contre
les Anglais, les Prussiens et les Suédois coalisés, et où flottait encore le drapeau français, lorsqu'il écrivit à son fils, le 12 avril 1814 :

______

([1]) La photographie qui est en tête de ce volume reproduit le portrait de Sadi en uniforme
de l'École Polytechnique, fait à cette époque par Boilly ; ce portrait est très-ressemblant.

« Mon cher Sadi, j'ai appris avec un plaisir extrême que le bataillon de l'École Polytechnique s'est distingué, et que tu as fait tes premières armes d'une manière honorable. Lorsque je serai rappelé, je serai fort aise que le Ministre de la Guerre t'accorde la permission de venir me chercher. Tu apprendras à connaître un beau pays et une belle ville, où j'ai eu la satisfaction de me maintenir tranquillement pendant les désastres qui ont accablé tant d'autres endroits. »

Sadi en effet, la paix étant signée, alla rejoindre son père à Anvers, et rentra en France avec lui.

Au mois d'octobre, il quitta l'École Polytechnique, fut classé le sixième sur la liste des jeunes gens destinés au service du génie, et se rendit à Metz comme élève sous-lieutenant à l'École d'application. Plusieurs travaux scientifiques qu'il y rédigea eurent un certain succès ; on cite particulièrement, comme fort ingénieux, un Mémoire sur l'instrument d'Astronomie et de Géodésie appelé *théodolite*.

Je tiens ces détails de M. Ollivier, qui était de la même promotion que Sadi, et qui fut plus tard un des fondateurs de l'*École Centrale*. Parmi ses autres camarades, outre M. Chasles, le savant géomètre que j'ai nommé tout à l'heure, se trouvait aussi le général Duvivier, regrettable victime de l'insurrection de juin 1848; je dois mentionner encore M. Robelin, l'ami le plus intime de Sadi, qui vint le soigner avec moi durant sa dernière maladie, et qui publia sur lui une Notice dans la *Revue encyclopédique*, t. LV.

Les événements de 1815 ramenèrent le général Carnot sur la scène politique pendant les Cent-Jours, terminés par une nouvelle catastrophe.

Ce fut pour Sadi l'occasion de faire une épreuve des hommes, dont il ne parlait pas sans dégoût : sa petite chambre de sous-lieutenant reçut la visite de certains officiers supérieurs, qui ne dédaignaient pas de monter trois étages pour saluer le fils du nouveau ministre.

Waterloo mit fin à ces empressements. Les Bourbons rétablis sur le trône, Carnot fut proscrit et Sadi envoyé successivement dans plusieurs placés fortes pour y faire son métier d'ingénieur, compter des briques, réparer des pans de murailles et lever des plans destinés à s'enfouir dans les cartons. Il le fit d'ailleurs consciencieusement et sans perspective de récompense ; car son nom, qui lui avait valu naguère

tant de cajoleries, devait suffire pour que désormais il n'attendît son
avancement que de la longueur du temps.

Survint en 1818 une ordonnance royale qui autorisait les officiers
de toutes armes à se présenter aux examens du nouveau corps d'état-
major. Sadi ne se dissimulait pas que la faveur jouerait dans ce corps
un rôle beaucoup plus considérable que dans celui du génie. Mais il
était fatigué de la vie de garnison; le séjour des petites forteresses, où
le confinait la nature de son service, n'offrait pas des ressources suffi-
santes à son désir d'instruction; puis il espérait, et sa prévision se
réalisa, qu'une demande de mise en disponibilité de sa part serait
accueillie sans peine et lui assurerait les loisirs qu'il recherchait.
Malgré les résistances bienveillantes de quelques chefs du corps du
génie, témoignant un sincère regret de voir disparaître de leurs con-
trôles un nom qui y avait figuré avec honneur, Sadi vint à Paris subir
les épreuves, et fut nommé lieutenant d'état-major le 20 janvier 1819.

Il ne tarda pas à obtenir la disponibilité, et il en profita pour mener
à Paris, et à la campagne près de Paris, une vie studieuse, interrompue
une seule fois, en 1821, par un voyage en Allemagne, pour y visiter
notre père dans son exil de Magdebourg. Nous eûmes alors le bonheur
de passer quelques semaines tous trois ensemble.

Quand la mort nous eut enlevé, deux ans plus tard, ce père vénéré,
et que je rentrai seul en France, je trouvai Sadi rendu à ses études
scientifiques, qu'il faisait alterner avec la culture des arts. Dans cette
voie aussi, ses goûts lui avaient marqué une direction originale; car
personne n'était plus ennemi que lui du traditionnel et du convention-
nel. On ne voyait sur son pupitre de musique que des compositions de
Lully qu'il étudiait et des concerti de Viotti qu'il exécutait. On ne
voyait sur sa table que Pascal, Molière ou La Fontaine, et il savait
presque par cœur ses livres favoris. Si je qualifie cette direction d'originale, c'est parce qu'elle fut antérieure au mouvement artistique et
littéraire qui précéda la révolution de 1830. Quant à la sympathie de
Sadi pour l'auteur des *Provinciales*, elle était moins encore déterminée
par le respect du jeune mathématicien pour un des maîtres de la Science
que par une autre raison : son esprit, sérieusement religieux, avait en
horreur l'hypocrisie et les faux dévots.

Sensible au beau comme à l'utile, Sadi fréquentait le musée du

Louvre et le Théâtre-Italien autant que le Jardin des Plantes et le
Conservatoire des Arts et Métiers. La musique était chez lui presque
une passion ; il la tenait peut-être de notre mère, excellente pianiste, à
laquelle Dalayrac et surtout Monsigny, son compatriote, avaient donné
des conseils. Non content d'être arrivé à une bonne exécution sur le
violon, Sadi avait poussé loin les études théoriques.

Son intelligence insatiable ne lui permettait d'ailleurs de rester
étranger à aucune branche du savoir : il suivait assidûment les cours
du Collége de France et de la Sorbonne, de l'École des Mines, du
Muséum et de la Bibliothèque ; il visitait curieusement les usines et
s'initiait aux procédés de la fabrication : sciences mathématiques,
histoire naturelle, arts industriels, économie politique, il cultivait avec
une égale ardeur toutes ces connaissances. Je l'ai vu, non pas seulement pratiquer comme amusement, mais approfondir comme théorie,
la gymnastique, l'escrime, la natation, la danse et jusqu'à l'exercice
du patin. Dans ces choses mêmes, Sadi avait acquis une supériorité qui
étonnait les hommes spéciaux, quand par hasard il s'oubliait assez pour
en parler ; car la satisfaction de son esprit était l'unique but qu'il se
proposât. Il éprouvait une telle répugnance à se mettre en scène,
que, sans des conversations intimes avec un petit nombre d'amis,
ceux-ci eussent ignoré les trésors de science qu'il accumulait ; ils n'en
ont même jamais connu qu'une faible partie. Comment se détermina-
t-il à donner une forme à ses idées sur la puissance motrice de la
chaleur ? Comment surtout se détermina-t-il à en faire confidence au
public ? Je suis encore à me le demander, moi qui habitais avec lui le
petit appartement où notre père s'était confiné, rue du Parc-Royal,
pendant que la police de la première Restauration le menaçait. Préoc-
cupé du désir d'être clair, Sadi me faisait lire des passages de son
manuscrit, afin de s'assurer qu'il serait compris par des personnes
vouées à d'autres études.

Peut-être une vie solitaire dans de petites garnisons, dans le cabinet
de travail et dans quelques laboratoires de Chimie, avait-elle augmenté
la réserve naturelle de son humeur. Cependant il n'était nullement
taciturne en petit comité ; il prenait part volontiers aux jeux les plus
gais, s'abandonnait aux plus vives causeries : « Le temps qu'on passe à
rire est le mieux employé », écrit-il quelque part. Son langage était

alors semé de traits, mordant sans malignité, original sans excentricité,
quelquefois paradoxal, mais sans autre prétention que celle d'une
innocente gymnastique de l'intelligence. Il avait le cœur très-chaud
sous une enveloppe froide; il était obligeant et dévoué, sincère et sûr
dans son commerce.

Vers la fin de 1826, une nouvelle ordonnance royale ayant fait rentrer dans la ligne les lieutenants d'état-major, Sadi demanda et obtint
de retourner à l'arme du génie, dans laquelle il reçut, l'année suivante,
à son rang d'ancienneté, le grade de capitaine.

Cependant le service militaire lui pesait; jaloux de sa liberté, il
déposa l'uniforme en 1828, afin de pouvoir aller et venir à son gré. Il
profita de ses loisirs pour faire quelques voyages et pour visiter nos
principaux centres d'industrie.

Il fréquentait alors beaucoup M. Clément Desormes, professeur au
Conservatoire des Arts et Métiers, qui a fait faire de grands progrès à la
Chimie appliquée. M. Clément Desormes prenait volontiers ses avis. Il
était né en Bourgogne, pays de notre famille; cette circonstance, je
crois, les avait rapprochés.

C'est avant cette époque (en 1824) que Sadi avait publié ses *Réflexions
sur la puissance motrice du feu*.

Il avait vu combien était peu avancée la théorie des machines qui
mettent en jeu cette puissance. Il avait constaté que les perfectionnements introduits dans leurs dispositions s'accomplissaient par tâtonne-
ment et presque au hasard. Il avait compris que, pour faire sortir cet
art si important de la voie expérimentale et pour l'élever au rang d'une
science, il fallait étudier le phénomène de la production du mouvement
par la chaleur au point de vue le plus général, indépendamment d'aucun mécanisme, d'aucun agent particulier; et telle avait été la pensée
de son livre.

Prévoyait-il que cette mince brochure deviendrait la base d'une
science nouvelle? Il fallait qu'il y attachât beaucoup d'importance pour
la mettre au grand jour et pour sortir lui-même de son obscurité
volontaire.

En effet (ses notes de travail en fournissent la preuve), il avait
aperçu la relation qui existe entre la chaleur et le travail mécanique;
et, après avoir établi le principe auquel les savants ont donné son nom,

il se livrait à des recherches qui devaient lui permettre d'établir avec sûreté le second principe, celui de l'équivalence, qu'il entrevoyait déjà clairement ; la Thermodynamique eût été dès lors fondée.

Mais ces recherches furent brusquement interrompues par un grand événement, la Révolution de Juillet 1830.

Sadi l'accueillit avec enthousiasme, non pas dans la perspective de quelque avantage personnel, on va le voir.

Plusieurs anciens membres de la Convention vivaient encore, même de ceux qui s'étaient acquis une célébrité : aucune faveur du nouveau gouvernement n'alla les chercher. On prêtait alors au fils de Philippe-Égalité, devenu roi des Français, un mot qui, s'il est inventé, répond bien du moins au sentiment de sa position : « Je ne puis rien pour les conventionnels eux-mêmes, aurait-il dit, mais pour leurs familles tout ce qu'elles voudront. »

Quoi qu'il en soit, des personnes de son entourage sondèrent vaguement mon frère sur nos dispositions, dans le cas où l'un de nous serait appelé à la Chambre des Pairs, dont Carnot avait fait partie en 1815. Nous eûmes à cette occasion une conférence qui ne fut pas longue. Inconnus tous les deux, cette distinction ne pouvait nous être offerte qu'à un titre en quelque sorte héréditaire. Nous ne pouvions l'accepter sans déserter les principes de Carnot, qui avait combattu l'hérédité de la pairie. L'opinion paternelle venait donc à l'appui de notre peu de goût pour la proposition et devait dicter notre réponse.

Sadi fréquenta les réunions populaires de cette époque, sans s'y écarter du rôle de simple observateur.

Ce n'est pas qu'il n'eût été, à l'occasion, homme d'action prompte et énergique. Un fait suffira pour le montrer tel, surtout avec le sang-froid qui le caractérisait.

Le jour des funérailles du général Lamarque, Sadi se promenait en curieux dans le voisinage de l'insurrection. Un cavalier qui précédait une charge, et qui paraissait ivre, passe dans la rue au galop, brandissant son sabre et culbutant les passants. Sadi s'élance, évite lestement l'arme du soldat, le saisit par la jambe, le jette à terre, le couche dans le ruisseau et continue sa route, se dérobant aux acclamations de la foule émerveillée par ce hardi coup de main.

Avant 1830, Sadi avait fait partie d'une *Réunion polytechnique indus-*

trielle, formée d'anciens élèves de l'École, dans un but d'études en commun; après 1830, il fit partie de l'*Association polytechnique*, formée
aussi d'anciens élèves dans un but de propagation populaire des connaissances utiles. Cette Association avait pour président M. de Choiseul-
Praslin, pour vice-présidents MM. de Tracy, Auguste Comte, etc.

Cependant, les espérances de la démocratie paraissant ajournées,
Sadi se confina de nouveau dans l'étude, et poursuivit ses travaux de
science, avec une activité d'autant plus grande qu'il reportait sur eux
toute l'ardeur politique refoulée au fond de son âme. Il entreprit des
recherches approfondies sur les propriétés physiques des gaz et des
vapeurs, et notamment sur leurs tensions élastiques. Malheureusement
les tables qu'il dressait, d'après ses expériences comparatives, sont
demeurées incomplètes ; mais heureusement aussi les beaux travaux de
Victor Regnault, si remarquables par leur précision, ont comblé sur
ce point de la Science les lacunes que Sadi Carnot avait lui-même
reconnues.

L'application excessive à laquelle il se livrait le rendit malade vers
la fin de juin 1832. Momentanément rétabli, il écrivait gaiement à l'un
de ses amis qui lui avait adressé plusieurs lettres :

« Mon retard, cette fois, n'est pas sans excuse. J'ai été malade longtemps et d'une manière fatigante. J'ai eu une inflammation de gorge,
suivie d'une fièvre scarlatine (sachez, si vous pouvez, ce que c'est que
ce vilain mal). Il m'a fallu passer douze jours au lit sans sommeil,
sans nourriture, sans occupation quelconque, me récréant avec des
sangsues, de la tisane, des lavements, et autres joujoux sortant de la
même boutique. Ce petit divertissement n'est pas encore terminé,
car je suis extrêmement faible. »

Cette lettre est de la fin de juillet.

Il y eut rechute, puis fièvre cérébrale; puis enfin, à peine remis de
tant de secousses, qui l'avaient épuisé moralement et physiquement,
Sadi fut enlevé en quelques heures, le 24 août 1832, par une attaque
de choléra. Dans les derniers temps, et comme par un sinistre pressen-
timent, il s'était beaucoup occupé de l'épidémie régnante; il en avait
suivi la marche avec l'attention et la pénétration qu'il apportait à toute
chose.

Sadi Carnot est mort dans toute la force de l'âge, au seuil d'une carrière qu'il promettait de parcourir avec éclat, laissant un souvenir de profonde estime et d'affection au cœur de quelques amis. Des cahiers de brouillons attestent l'activité de son esprit, la variété de ses connaissances, son amour de l'humanité, ses sentiments éclairés de justice et de liberté. On peut y suivre la trace de tous ses genres d'études. Mais le seul travail qu'il ait achevé est celui que nous publions pour la seconde fois. Il suffira pour que son nom ne soit pas oublié.

Sa physionomie morale mérite d'être connue à d'autres titres. Notre seule ambition ici était d'en présenter une esquisse. Mais, bien mieux que dans ces quelques pages, on peut apprécier Sadi Carnot par les pensées dispersées dans ses brouillons, et que nous allons y recueillir pieusement. Ce sont tantôt des règles de conduite pratique qu'il se trace à lui-même, tantôt des observations qu'il veut caser dans sa mémoire ; parfois une impression qui vient de le frapper, triste ou gaie ; parfois aussi, quoique rarement, une boutade de mauvaise humeur contre les hommes et contre la société. Il n'a jamais songé que ces notes, intime épanchement de l'âme, pourraient être lues par d'autres yeux que les siens, et surtout qu'elles serviraient un jour à le juger lui-même. J'y trouve, pour ma part, des analogies touchantes avec les pensées de mon père, quoique le père et le fils eussent malheureusement vécu presque toujours séparés l'un de l'autre par les événements.

Ouvrons d'abord le mémorial des occupations quotidiennes :

« Régler le matin l'emploi de sa journée et réfléchir le soir à ce qu'on a fait.

» Porter à la promenade un livre et un carnet, pour fixer ses idées, plus un morceau de pain pour la prolonger au besoin.

» Varier les exercices du corps et de l'esprit : danse, équitation, natation, escrime de l'épée et du sabre, tir du fusil et du pistolet, patin, fronde, échasses, paume, boules ; sauter à cloche-pieds, croiser les bras, renverser les reins, sauter en hauteur et en longueur, tourner sur un pied appuyé contre le mur, s'exercer le soir en chemise pour favoriser la transpiration avant d'entrer au lit ; tour, menuiserie, jardinage, lecture en marchant, déclamation, chant, violon, versification, composition musicale ; huit heures de sommeil, promenade au réveil, avant et après les repas, grande sobriété ; manger lentement, peu et souvent ; éviter l'oisiveté et les méditations inutiles. »

Viennent des préceptes plus généraux :

« Prendre de bonnes habitudes, dès que l'on commence un nouveau train de vie.

» Jamais de retour sur le passé, si ce n'est pour éclairer l'avenir ; les regrets sont inutiles.

» Prendre ses résolutions d'avance, afin de n'avoir pas à réfléchir pendant l'action : s'obéir alors aveuglément à soi-même.

» La promptitude des résolutions s'accorde le plus souvent avec leur justesse.

» Céder fréquemment à la première inspiration : trop de méditation sur un même objet finit par suggérer le plus mauvais parti, ou tout au moins fait perdre un temps précieux.

» Souffrons de légers désagréments sans avoir l'air de nous en apercevoir ; mais repoussons avec énergie quiconque marquerait l'intention de nous nuire ou de nous humilier.

» On ne doit jamais feindre un caractère que l'on n'a pas, et afficher un personnage que l'on ne pourrait soutenir.

» De l'aplomb sans suffisance, de la hardiesse sans effronterie.

» Ne faire qu'avec beaucoup de circonspection des connaissances intimes. Abandon complet avec ceux qu'on a bien éprouvés ; point de relation avec les autres.

» S'interroger soi-même pour apprendre ce qui peut plaire aux autres.

» Point de discours inutiles. Tout entretien qui ne sert pas à nous éclairer ou à éclairer les autres, à intéresser le cœur ou amuser l'esprit, est nuisible.

» Parler peu de ce qu'on sait et point du tout de ce qu'on ne sait pas.

» Pourquoi ne pas dire plus souvent : « Je ne sais pas ».

» Parler à chacun de ce qu'il connaît le mieux, c'est le mettre à son aise et en tirer profit.

» S'abstenir de toute plaisanterie qui pourrait blesser.

» N'employer que des expressions de la plus rigoureuse décence.

» Écouter attentivement votre interlocuteur, c'est le préparer à bien écouter votre réponse et le disposer en faveur de vos arguments.

» Point d'emportement ni de découragement dans la discussion.

11

» Point d'argumentation dirigée contre la personne. Si vous connaissez quelques particularités sur votre adversaire, vous avez bien le droit de le lui faire sentir pour le tenir en bride; mais procédez avec ménagement, et ne le blessez pas devant l'auditoire.

» Quand une discussion dégénère en dispute, prenez le parti du silence : ce n'est pas vous avouer battu.

» Combien la modestie ajoute au mérite! Un homme de talent, qui cache son savoir, semble une branche inclinée sous le poids de ses fruits.

» Pourquoi vouloir absolument faire de l'esprit? J'aime mieux être cru bête et modeste, que spirituel et prétentieux.

» Les hommes ne désirent rien tant que de se faire des envieux.

» L'égoïsme est le plus commun et le plus haï de tous les vices; c'est à proprement parler le seul qui soit haï.

» Les jouissances de l'amour-propre sont les seules que l'on puisse réellement tourner en ridicule.

» Je ne sais pas pourquoi l'on confond ces deux mots : le bon sens et le sens commun. Il n'y a rien de moins commun que le bon sens.

» L'âme se flétrit à force de souffrir. »

Relevons une de ces saillies misanthropiques dont nous aimons à signaler la rareté :

« Il faut que tous les honnêtes gens soient aux galères : partout ailleurs on ne rencontre que des fripons. »

Mais la sérénité d'esprit reprend bientôt le dessus ;

« Je me réjouis de tous les malheurs qui auraient pu m'advenir et que j'ai évités.

» La vie est un passage assez court. Je suis à la moitié du chemin. J'achèverai le reste comme je pourrai.

» L'espérance étant le plus grand des biens, il faut, pour être heureux, sacrifier le présent à l'avenir.

» Ne soyons pas exigeants : la perfection est si rare!

» De l'indulgence, de l'indulgence !

» Plus un objet approche de la perfection et plus on s'aperçoit de ses légers défauts.

» C'est se manquer à soi-même que de négliger l'occasion d'un plaisir innocent; c'est agir en dissipateur.

» Les plaisirs recherchés font perdre aux plaisirs simples tout leur prix.

» Il faut quelquefois abandonner sa raison, soit; mais comment la retrouver quand on en a besoin?

» L'amour est presque la seule passion que l'honnête homme puisse avouer; c'est la seule qui s'accorde avec la délicatesse.

» Ne faire aucune action que le monde ne puisse connaître.

» L'homme véritablement sage est celui qui aime la vertu pour la vertu même.

» On dit que l'homme est égoïste, et pourtant ses plus doux plaisirs lui viennent des autres; il ne les goûte qu'à la condition de les partager.

» Si l'on pouvait sans cesse contenter ses désirs, on n'aurait jamais le temps de désirer. Le bonheur se compose donc nécessairement d'alternatives; il ne saurait être à un niveau constant. »

Au sujet des guerriers et des conquérants:

« On peut dire à chaque conquérant, lorsqu'il a fini de tourmenter notre pauvre globe : n'auriez-vous pas pu tout aussi bien vous escrimer contre un petit globe de carton?

» Les lois de la guerre, dit-on; comme si la guerre n'était pas la destruction de toutes les lois.

» On a présenté les guerres comme indispensables pour arrêter le trop rapide accroissement de la population. Mais les guerres moissonnent la fleur des jeunes gens, tandis qu'elles épargnent les hommes disgraciés par la nature : elles contribuent nécessairement à la dégénération de l'espèce. »

Puis l'auteur retourne son trait contre la médecine :

« Sous quelques rapports, la médecine va directement contre le vœu de la nature, qui tend à perpétuer les êtres les mieux constitués de l'espèce et abandonne les êtres délicats à mille causes de destruction. C'est ce qui arrive aux animaux et aux hommes à l'état sauvage : les plus robustes atteignent seuls l'âge adulte et seuls reproduisent l'espèce. Les secours de l'état social et de la médecine prolongent la vie de l'être faible, dont la postérité est ordinairement faible comme lui. Chez les Spartiates, de barbares prescriptions privaient de l'existence les enfants mal conformés, afin de conserver la force et la beauté de la race. De telles prescriptions sont antipathiques à nos mœurs; pourtant il serait à souhaiter que l'on s'attachât à préserver l'espèce humaine des causes d'affaiblissement et d'abâtardissement.

» La décadence des Grecs et des Romains, sans changement de race, prouve l'influence des institutions sur les mœurs. »

Plaçons ici un fragment sur l'économie politique, pour montrer la variété des pages où nous puisons :

« D'après le système des économistes modernes, il serait désirable que le Gouvernement intervînt le moins possible dans l'industrie et le commerce du pays. On ne saurait nier toutefois que, dans certaines circonstances, cette intervention ne puisse être utile.

» Les impôts sont regardés par les économistes comme un mal, mais comme un mal nécessaire, puisqu'ils subviennent aux dépenses publiques. Les économistes pensent, en conséquence, que si le Gouvernement possédait des revenus suffisants, en domaines par exemple, la suppression de toutes les taxes serait une mesure désirable.

» Ces taxes sont un moyen d'influencer la production et le commerce, de leur imprimer une direction qu'ils n'eussent pas prises naturellement. Une telle influence, sans doute, peut avoir des conséquences fâcheuses, si les taxes sont établies sans discernement ou dans un but exclusivement fiscal; mais il en est tout autrement si la sagesse et l'habileté président à leur institution.

» Un impôt sur les fermages remplacerait avantageusement l'impôt foncier. Les propriétaires ne pourraient s'y soustraire qu'en faisant valoir eux-mêmes leurs biens. Ils se bornent généralement aujourd'hui à en percevoir la rente, et presque tous emploient leur superflu en consommations improductives, tandis que les propriétaires cultivateurs consacrent volontiers le leur à l'amélioration du fonds.

» L'impôt sur les fermages aurait donc pour résultat l'exploitation directe par les propriétaires; et de là, cultures supérieures, améliorations, qui ne peuvent porter leurs fruits qu'à des époques trop lointaines pour le fermier.

» Il tendrait à la division des domaines fonciers, les petites fortunes entrant en concurrence pour leur achat avec les capitalistes qui recherchent seulement la rente ou le loyer de la terre.

» Les grands capitalistes ne pouvant pas cultiver par eux-mêmes de vastes étendues de terres, et ne voulant pas, en les affermant, diminuer leurs revenus, seraient engagés à vendre en portions capables d'être cultivées par leurs nouveaux propriétaires, et à porter leur argent dans les entreprises industrielles et commerciales.

» La concurrence des vendeurs ferait baisser momentanément le prix des biens-fonds, et permettrait aux petites fortunes de devenir foncières. On verrait alors diminuer le nombre des grands domaines, qui sont souvent mal administrés, et les fortunes considérables, changeant de mains plus facilement, passeraient naturellement dans celles qui seraient le plus habiles à les faire valoir.

» Des propriétaires, se faisant cultivateurs pour éviter l'impôt, iraient se fixer dans les campagnes, où leur présence répandrait à la fois les lumières et l'aisance; leurs revenus, dépensés précédemment d'une manière futile, payeraient maintenant des frais et une main-d'œuvre pour l'amélioration de leurs biens.

» L'établissement d'un pareil impôt trouverait, à coup sûr, des opposants nombreux parmi les propriétaires fonciers non cultivateurs, qui forment précisément le personnel le plus influent dans l'État, car ce sont eux qui presque seuls font les lois.

» Peut-être faudrait-il atténuer leur opposition en ne soumettant pas les propriétaires actuels au nouvel impôt, qui pourrait ne dater que de la plus prochaine mutation, soit par vente, soit par héritage. Une diminution du droit de mutation pourrait encore adoucir le passage d'une situation à l'autre. En général, d'ailleurs, tout changement dans les impôts doit se faire graduellement pour éviter les brusques révolutions de fortunes.

» On peut considérer la location d'un bien pour plusieurs années comme une vente de l'usufruit pendant le temps du bail. Or la jouissance de neuf ans, par exemple, équivaut à plus du tiers de la valeur de la propriété même, en supposant que le produit annuel soit un vingtième du capital. Il serait donc raisonnable d'appliquer à cette sorte de vente les lois qui régissent celle des biens-fonds, et par conséquent la taxe de mutation. La personne qui ne peut ou ne veut cultiver sa terre, au lieu d'en aliéner la propriété même, se borne à en aliéner l'usufruit pour un temps, et le prix est soldé à des termes fixés au lieu de l'être tout d'un coup. Voilà le fermage.

» Or, c'est par une fiction que l'acheteur paye l'impôt de mutation.

Dans le fait, c'est toujours le vendeur qui le supporte. L'acheteur compare l'argent qu'il débourse avec l'avantage qu'il acquiert, et cette comparaison le détermine. S'il n'y trouvait pas son compte, il n'achèterait pas. Quand le droit d'enregistrement n'existerait point, l'acheteur pourrait disposer de la même somme pour le même avantage, et cette somme entrerait tout entière dans le coffre du vendeur.

» Les propriétaires de biens supportent donc seuls, en définitive, les droits de mutation. Tout accroissement de ces droits est une perte pour eux, et ces droits pèsent sur les petites propriétés plus que sur les grandes, parce que leurs mutations sont plus fréquentes. L'impôt sur les fermages pèserait, au contraire, davantage sur les grands domaines.

» L'impôt sur les fermages, n'atteignant pas les propriétaires de bois, serait compensé par un impôt sur la vente des coupes, impôt très-justifié, car le bois sur pied est un bien-fonds. Le bois sur pied a souvent une valeur plus grande que le terrain qui le porte. »

Terminons ici par quelques pensées où se révèlent les sentiments de Sadi Carnot sur la religion :

« Les hommes attribuent au hasard les événements dont ils ne connaissent pas les causes. S'ils viennent à deviner ces causes, le hasard disparaît. Dire qu'une chose est arrivée par hasard, c'est dire que nous n'avons pas pu la prévoir. Je ne crois même pas que l'on puisse donner à ce mot une autre acception. Ce qui est hasard pour un homme ignorant peut n'être pas hasard pour un homme plus instruit.

» Si la raison humaine est incapable de démêler les mystères de la Divinité, pourquoi celle-ci ne l'a-t-elle pas formée plus clairvoyante?

» Dieu ne saurait punir l'homme de n'avoir pas cru, lorsqu'il aurait pu si aisément l'éclairer et le convaincre.

» Pourquoi Dieu, s'il est souverainement bon, punirait-il le pécheur pendant l'éternité, puisqu'il ne s'agit ni de le ramener au bien, ni de faire un exemple?

» D'après la doctrine de l'Église, Dieu ressemblerait au sphynx, proposant des énigmes et dévorant ceux qui ne pourraient les deviner.

» L'Église attribue à Dieu toutes les passions humaines : la colère, le désir de la vengeance, la curiosité, la tyrannie, la partialité, la paresse.

» Si l'on élaguait du christianisme tout ce qui n'est pas de Jésus-Christ, cette religion serait la plus simple du monde.

» Quels motifs ont guidé les écrivains qui repoussent tout système religieux? Est-ce la conviction que les idées qu'ils combattaient sont toutes nuisibles à la société? N'ont-ils pas plutôt enveloppé dans une même proscription la religion et l'abus qu'on en a fait?

» La croyance en un être *tout-puissant*, qui nous *aime* et qui veille sur nous, donne à l'âme de grandes forces pour supporter le malheur.

» Une religion appropriée aux esprits et prêchée par des hommes respectables exercerait l'influence la plus salutaire sur la société et sur les mœurs. »

La Chaleur n'est autre chose que la puissance
motrice ou plutôt que le mouvement qui a changé de forme. C'est un mouvement
partout où il y a destruction de P. M. [dans les particules des corps] il y a
en même tems production de chaleur en quantité
précisément proportionelle à la q^té de P. M. détruite
réciproquement partout où il y a destruction
de chaleur il y a production de P. M.

   on peut donc poser en thèse générale
que la P. M. est en quantité invariable dans
la nature, qu'elle n'est jamais à proprement
parler ni produite, ni détruite, qu'à
la vérité elle change de forme c. à d. qu'elle
produit tantôt un genre de mouvement, tantôt
un autre mais qu'elle existe toujours mais
elle n'est jamais anéantie. D'après quelques idées que je me suis formées
sur la théorie de la chaleur, la production
d'une Unité de puissance motrice nécessite la
destruction de 2,70 unités de chaleur.

   Une machine qui produirait 20 unités de
P. M. par kilog de charbon devrait anéantir
$\frac{20 \cdot 2,70}{7000}$ de la chaleur développée par la
Combustion ; $\frac{20 \cdot 2,7}{7000} = \frac{8}{1000}$ environ c. à d. moins de $\frac{1}{100}$.

EXTRAIT

DES

NOTES INÉDITES DE SADI CARNOT.

Les Notes qui suivent ont été extraites du cahier manuscrit de Sadi Carnot. — Nous les faisons précéder du *fac-simile* d'une de ces Notes, relative à la transformation de la chaleur en puissance motrice et à ce qu'on appelle aujourd'hui l'*équivalent mécanique de la chaleur*.

EXTRAIT

DE

NOTES INÉDITES DE SADI CARNOT

SUR

LES MATHÉMATIQUES, LA PHYSIQUE ET AUTRES SUJETS.

On a fort peu étudié jusqu'ici les changements de température survenus dans les corps par l'effet du mouvement; cette classe de phénomènes mériterait cependant l'attention des observateurs. Lorsque les corps sont en mouvement, lorsque surtout il se consomme ou qu'il se produit de la puissance motrice, il arrive des changements remarquables dans la distribution de la chaleur et peut-être dans sa quantité. Nous allons apporter un petit nombre de faits, où ce phénomène se développe avec le plus d'évidence :

1. *Le choc des corps.* — On sait que dans le choc des corps il y a toujours consommation de puissance motrice; les corps parfaitement élastiques pourraient seuls être exceptés, et ils n'existent pas dans la nature.

Or, on sait aussi qu'il y a dans le choc des corps un changement de température, une élévation dans son degré. Il serait difficile d'attribuer, comme l'a fait M. Berthollet, la chaleur dégagée dans ce cas à la réduction de volume du corps; car, lorsque cette réduction est parvenue à son dernier période, le dégagement de chaleur devrait cesser. Or, c'est ce qui n'arrive pas. Il suffit que le corps puisse changer de forme par la percussion, sans changer de volume, pour qu'il y ait dégagement de chaleur.

Si l'on prend, par exemple, un cube de plomb, et qu'on le frappe

12

successivement sur toutes ses faces, il y aura toujours dégagement de chaleur, sans diminution sensible dans ce dégagement, tant que les coups seront continués avec la même force. Cela n'arrive pas dans l'action de frapper des médailles ; ici le métal ne peut plus changer de forme après les premiers coups du balancier, et l'effet du choc se porte non sur la médaille, mais sur les filets de la vis, qui se déforment, et sur les supports.

Il semble donc que la chaleur dégagée doive être attribuée au frottement des molécules du métal, qui changent de place les unes par rapport aux autres, c'est-à-dire que la chaleur se dégage précisément là où la force mouvante se consomme.

Une remarque du même genre peut se faire dans le choc de deux corps de duretés différentes, du plomb et du fer par exemple ; le premier de ces métaux s'échauffe beaucoup, tandis que le second ne change pas sensiblement de température. Mais aussi la force motrice est consommée presque entière à produire le changement de forme du premier de ces métaux.

On peut citer, comme étant un fait du même genre, l'échauffement qui se produit par la distension d'une verge métallique prête à se rompre. L'expérience a prouvé que, toutes choses égales d'ailleurs, plus l'allongement est grand avant la rupture et plus l'élévation de température est considérable.

II. (*La suite est restée en blanc.*)

Lorsqu'une hypothèse ne suffit plus à l'explication des phénomènes, elle doit être abandonnée.

C'est le cas où se trouve l'hypothèse par laquelle on considère le calorique comme une matière, comme un fluide subtil.

Les faits d'expérience qui tendent à la détruire sont les suivants :

1° Le développement de la chaleur par la percussion ou le frottement des corps. (Expériences de Rumford, frottement des roues sur les essieux, sur les axes, expériences à faire.) Ici l'élévation de température a lieu à la fois dans le corps frottant et le corps frotté ; d'ailleurs ils ne changent pas sensiblement de nature ou de forme (à prouver).

Ainsi la chaleur est créée par le mouvement. Si elle est une matière, il faut admettre que la matière est créée par le mouvement.

2° Lorsqu'on fait jouer les pompes de la machine pneumatique et qu'on laisse rentrer en même temps l'air dans le récipient, la température demeure invariable dans ce récipient. Elle demeure la même au dehors; par conséquent, l'air comprimé par les pompes doit s'élever de température au-dessus de l'air du dehors, et il est expulsé à une température supérieure. L'air entre donc à une température de 10 degrés, par exemple, et sort à une autre, $10° + 90°$, ou 100 degrés par exemple ; Ainsi il y a eu création de chaleur par le mouvement.

3° Si l'on comprime de l'air dans un réservoir et qu'en même temps on le laisse échapper par une petite ouverture, il y a, par la compression, élévation de température; par la sortie, il n'y a pas abaissement (d'après MM. Gay-Lussac et Welter). L'air entre donc d'un côté à une température et sort par l'autre à une température plus élevée, d'où suit la même conclusion que dans le cas précédent.

(Expérience à faire : adapter à une chaudière à haute pression un robinet et un tube y faisant suite et débouchant dans l'atmosphère, ouvrir un peu le robinet et présenter un thermomètre à la sortie de la vapeur. Voir si elle se maintient à 100 degrés, ou au-dessus; voir si de la vapeur se liquéfie dans le tuyau; voir si elle sort transparente ou trouble.)

4° L'élévation de température qui a lieu lors de la rentrée de l'air dans le vide, élévation que l'on ne peut pas attribuer à la compression de l'air restant (air qui peut être remplacé par de la vapeur d'eau), que l'on ne peut donc attribuer qu'au frottement de l'air contre les parois de l'ouverture, ou contre l'intérieur du récipient, ou contre lui-même.

5° M. Gay-Lussac a fait voir (dit-on) que, si l'on mettait en communication entre eux deux récipients, l'un vide, l'autre plein d'air, la température s'élevait autant dans l'un qu'elle s'abaissait dans l'autre. Si ensuite on les comprime tous deux de moitié, le premier doit reprendre sa température première et le second une température beaucoup supérieure; en les mêlant, il y aura un échauffement dans toute la masse.

Lors de la rentrée de l'air dans le vide, c'est son passage par une petite ouverture et le mouvement qu'il se donne dans l'intérieur qui parait produire l'élévation de température.

Qu'il nous soit permis de faire ici une hypothèse sur la nature de la chaleur.

On regarde aujourd'hui généralement la lumière comme le résultat d'un mouvement de vibration du fluide éthéré. La lumière produit de la chaleur ou, au moins, elle accompagne la chaleur rayonnante, et se meut avec la même vitesse qu'elle. La chaleur rayonnante est donc un mouvement de vibration. Il serait ridicule de supposer que c'est une émission de corps, tandis que la lumière qui l'accompagne ne serait qu'un mouvement.

Un mouvement (celui de la chaleur rayonnante) pourrait-il produire un corps (le calorique)?

Non, sans doute, il ne peut produire qu'un mouvement. La chaleur est donc le résultat d'un mouvement.

Alors il est tout simple qu'elle puisse se produire par la consommation de puissance motrice et qu'elle puisse produire cette puissance.

Tous les autres phénomènes, composition et décomposition des corps, passage à l'état gazeux, chaleur spécifique, équilibre de la chaleur, sa transmission plus ou moins facile, sa constance dans les expériences du calorimètre pourraient s'expliquer dans cette hypothèse; mais il serait difficile de dire pourquoi, dans le développement de la puissance motrice par la chaleur, un corps froid est nécessaire, pourquoi, en consommant la chaleur d'un corps échauffé, on ne peut pas produire du mouvement.

Il paraît bien difficile de pénétrer dans l'essence intime des corps. Il faudrait, pour ne pas faire des raisonnements erronés, examiner attentivement la source de nos connaissances sur la nature des corps, sur leur forme, sur les forces, voir quelles sont les notions primitives, voir de quelles sensations elles sont dérivées, voir comment on s'est élevé successivement aux divers degrés d'abstraction.

La chaleur est-elle le résultat d'un mouvement vibratoire des molécules? Si cela est, quantité de chaleur n'est autre chose que quantité
de puissance motrice. Tant que la puissance motrice est employée à
produire des mouvements vibratoires, la quantité de chaleur doit être
immuable, ce qui semble résulter des expériences du calorimètre; mais,
lorsqu'elle passe dans des mouvements d'une amplitude sensible, la
quantité de chaleur ne doit plus rester constante.

———

Peut-on trouver des exemples de production de puissance motrice
avec consommation réelle de la chaleur? Il semble que l'on en peut
trouver de production de chaleur avec consommation de puissance
motrice (rentrée de l'air dans le vide, par exemple).

———

Quelle est la cause de la production de chaleur dans les combinaisons des corps? Quel est le calorique rayonnant?

———

La liquéfaction des vapeurs, la solidification des liquides, la cristal-
lisation, ne sont-elles pas des sortes de combinaisons des molécules
intégrantes les unes avec les autres?

———

En supposant la chaleur due à un mouvement vibratoire, comment
expliquer le passage de l'état solide ou liquide à l'état gazeux?

———

Lorsque l'on fait naître de la puissance motrice, par le passage de la
chaleur du corps A au corps B, la quantité de cette chaleur qui arrive
à B (si elle n'est pas la même que celle qui a été prise à A, si une partie
a réellement été consommée pour produire la puissance motrice), cette
quantité est-elle la même, quel que soit le corps employé à réaliser la
puissance motrice?
Y aurait-il moyen de consommer plus de chaleur à la production de
la puissance motrice et d'en faire arriver moins au corps B? Pourrait-on

même la consommer tout entière sans en faire arriver au corps B? Si cela était possible, on pourrait créer de la puissance motrice sans consommation de combustible et par simple destruction de la chaleur des corps.

————

Est-il bien certain que la vapeur d'eau, après avoir agi dans une machine et y avoir produit de la puissance motrice, soit capable d'élever l'eau de condensation, comme si elle y avait été conduite immédiatement?

————

Le raisonnement nous apprend qu'il ne peut pas y avoir de perte de force vive ou, ce qui est la même chose, de puissance motrice, si les corps agissent les uns sur les autres sans se toucher immédiatement, sans véritable choc. Or tout nous conduit à penser que les molécules des corps sont toujours séparées les unes des autres à quelque distance, qu'elles ne se touchent jamais immédiatement. Si elles se touchaient, elles devraient rester unies et par conséquent changer de forme. .

————

Si les molécules des corps ne sont jamais en contact intime les unes avec les autres, quelles que soient les forces qui les séparent ou les attirent, il ne peut jamais y avoir ni production, ni perte de puissance motrice dans la nature. Cette puissance serait en quantité immuable comme la matière. Alors le rétablissement d'équilibre immédiat du calorique et son rétablissement avec production de puissance motrice seraient essentiellement différents l'un de l'autre.

————

La chaleur n'est autre chose que la puissance motrice, ou plutôt que le mouvement qui a changé de forme. C'est un mouvement dans les particules des corps. Partout où il y a destruction de puissance motrice, il y a, en même temps, production de chaleur en quantité précisément proportionnelle à la quantité de puissance motrice détruite. Réciproquement, partout où il y a destruction de chaleur, il y a production de puissance motrice.

On peut donc poser en thèse générale que la puissance motrice est en quantité invariable dans la nature, qu'elle n'est jamais, à proprement parler, ni produite, ni détruite. A la vérité, elle change de forme, c'est-à-dire qu'elle produit tantôt un genre de mouvement, tantôt un autre ; mais elle n'est jamais anéantie.

D'après quelques idées que je me suis formées sur la théorie de la chaleur, la production d'une unité de puissance motrice nécessite la destruction de 2,70 unités de chaleur.

Une machine qui produirait 20 unités de puissance motrice par kilogramme de charbon devrait anéantir $\frac{20 \times 2,70}{7000}$ de la chaleur développée par la combustion ; $\frac{20 \times 2,7}{7000} = \frac{8}{1000}$ environ, c'est-à-dire moins de $\frac{1}{100}$.

....

(Chaque unité de puissance motrice ou dynamie représentant le poids de 1 mètre cube d'eau élevé à 1 mètre de hauteur.)

Expériences à faire sur la chaleur et la puissance motrice.

Répéter l'expérience de Rumford sur le forage d'un métal dans l'eau, mais mesurer la puissance motrice consommée en même temps que la chaleur produite ; mêmes expériences sur plusieurs métaux et sur le bois.

Frapper un morceau de plomb en plusieurs sens, mesurer la puissance motrice consommée et la chaleur produite. Mêmes expériences sur d'autres métaux.

Agiter fortement de l'eau dans un barillet ou dans un corps de pompe à double effet et dont le piston serait percé d'une petite ouverture.

Expérience du même genre sur l'agitation du mercure, de l'alcool, de l'air et d'autres gaz. Mesurer la puissance motrice consommée et la chaleur produite.

———

Rentrée de l'air dans le vide ou dans l'air plus ou moins raréfié ; *id.* pour d'autres gaz ou vapeurs ; examiner l'élévation de température au moyen du manomètre et du thermomètre de Bréguet. Estimation de l'erreur du thermomètre par le temps nécessaire à l'air pour varier d'un nombre de degrés déterminés.

Ces expériences serviraient à mesurer les changements de température survenus dans le gaz par des changements de volume ; elles fourniraient, en outre, les moyens de comparer ces changements avec les quantités de puissance motrice produites ou consommées.

———

Faire sortir de l'air d'un vaste réservoir où il est comprimé, et rompre la vitesse dans un large tuyau où se trouvent placés des corps solides, mesurer la température lorsqu'elle est devenue uniforme. Voir si elle est la même que dans le réservoir. Mêmes expériences avec d'autres gaz et avec la vapeur formée sous diverses pressions.

———

Répéter les expériences de Dalton et les pousser jusqu'à des pressions de 3o ou 4o atmosphères. Mesurer la chaleur constituante de la vapeur dans ces limites.

Id. sur la vapeur d'alcool, d'éther, d'essence de térébenthine, de mercure, pour vérifier si l'agent employé est indifférent, quant à la production de la puissance motrice.

Id. sur l'eau chargée d'un sel déliquescent, le muriate de chaux, par exemple. La loi des tensions est-elle toujours la même ? Mesurer la chaleur spécifique de la vapeur.

———

Expériences à faire sur la tension des vapeurs.

Tube capillaire gradué, rempli d'eau, de mercure ou d'huile et d'air. Plonger ce tube dans un bain d'huile, de mercure ou de plomb fondu. Mesurer la température par un thermomètre à air.

Mêmes expériences sur l'alcool, l'éther, l'éther muriatique, le sulfure de carbone, l'essence de térébenthine, le soufre, le phosphore.

———

Expériences sur la tension de la vapeur avec une chaudière et un tube thermométrique plein d'air. — Un thermomètre sera placé dans un tuyau plongé dans la chaudière, ouvert au dehors et rempli de mercure ou d'huile.

———

Expériences au moyen d'un simple tube capillaire rempli de trois couches successives : 1° d'air, 2° de mercure, 3° d'eau ou d'un autre liquide dont on veut mesurer la tension (d'alcool, d'éther, d'essence de térébenthine, de lavande, de sulfure de carbone, d'éther muriatique, etc.). — Le tube sera plongé par une extrémité dans un bain de mercure ou d'huile, dont on mesurera la température. On pourra faire la colonne de mercure assez longue pour pouvoir comprimer d'avance ou raréfier l'air.

Fig. 6.

Le tube sera roulé en spirale par une extrémité, la partie droite sera graduée (on pourra mesurer ainsi la tension de la vapeur mercurielle).

———

Expériences sur la tension des vapeurs à basse température avec un tube à thermomètre recourbé et rempli partie de mercure, partie d'eau

13

ou d'alcool. — Le mercure agira par son poids. La partie supérieure du tube sera vide et scellée, ou bien ouverte dans l'atmosphère.

Fig. 7.

La boule sera plongée dans l'eau, dont on mesurera la température; si le tube est scellé, on aura soin de rafraîchir la partie supérieure.

La boule pourra contenir de l'eau, de l'alcool, de l'éther, de l'essence de térébenthine.

Si le tube est scellé, on pourra mesurer la tension de la vapeur mercurielle.

Expériences sur la chaleur constituante des vapeurs au moyen d'un tube barométrique muni de deux boules soufflées. — L'une des boules sera plongée dans l'eau froide, et l'élévation de température de cette eau indiquera la chaleur constituante de la vapeur.

Fig. 8.

L'autre boule sera chauffée, soit par un liquide bouillant, soit par le feu nu.

Eau, alcool, essence, éther, mercure, acide acétique, sulfure de carbone.

On peut recommencer l'opération, en recohobant, et ajouter les résultats.

———

Expériences à faire sur les gaz et les vapeurs.

Mesurer la température acquise par l'air introduit dans un espace vide ou contenant de l'air déjà raréfié.

Si le vide est fait sous la cloche d'une machine pneumatique, et qu'on ouvre subitement le robinet qui doit amener l'air extérieur, l'introduction de cet air fera monter un thermomètre de Bréguet jusqu'à 5o ou 6o degrés.

Examiner la marche de ce thermomètre, lorsque la réintroduction n'a lieu que par parties, la comparer avec la marche du manomètre.

Construction d'un manomètre qui puisse donner presque instantanément la pression.

Fig. 9.

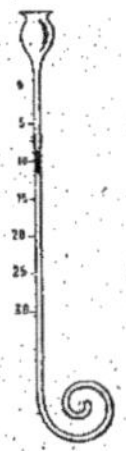

Imaginons un tube capillaire roulé en spirale dans une partie de sa longueur et ayant une extrémité fermée, l'autre extrémité ouverte. Ce tube sera parfaitement desséché et l'on y introduira un petit index de mercure.

Le diamètre du tube devra être assez petit pour que l'air y renfermé prenne presque instantanément la température du verre. On cherchera à s'assurer du temps nécessaire à l'établissement de cet équilibre de température, en plaçant le tube sous la cloche pneumatique, faisant un

13.

vide partiel et laissant rentrer l'air; on examinera si, quelques instants après l'introduction, l'index change sensiblement de place. Il faudra que l'index soit d'un très-faible poids, pour éviter autant que possible ses oscillations.

Par la même raison, le tube capillaire devra être aussi étroit que possible.

Si la partie droite du tube est égale à la partie roulée, et que l'index soit placé à l'origine de la partie roulée, pour une pression égale à la pression atmosphérique, il ne faudra pas soumettre l'instrument à une pression moindre que $\frac{1}{2}$ atmosphère. C'est entre ces deux limites qu'il pourra servir de mesure.

On pourra le terminer par un renflement ouvert, pour empêcher la projection du mercure hors du tube. Disposé de cette façon, il pourra servir à mesurer en général les pressions comprises entre p et $\frac{1}{2}\,p$, p étant quelconque.

L'appareil sera fixé à une planche qui portera une échelle graduée, placée contre le tube droit. L'échelle sera, par exemple, à degrés égaux chiffrés de 5 en 5 ou de 10 en 10. Il faudra former une Table correspondante exprimant les pressions.

Plaçant l'instrument sous la cloche pneumatique et faisant un vide partiel, l'index montera dans le renflement; laissant ensuite rentrer l'air peu à peu et très-lentement, on notera la correspondance entre les hauteurs du manomètre ordinaire à mercure et les points où arrivera la face inférieure de l'index de l'instrument. Cela suffira pour former une Table comparée des pressions et des chiffres de l'échelle. Les pressions se trouveront exprimées par leurs rapports à la pression observée au moment du passage de l'index sur le zéro ou tout autre chiffre fixe de l'échelle.

Ainsi, par exemple, supposons que l'on observe sur le manomètre 400 ou n millimètres de mercure lorsque l'index sera sur o, puis n' lorsque l'index sera sur 1, n'' lorsqu'il sera sur 2.... Ce seront les rapports $\frac{n'}{n}$, $\frac{n''}{n}$, ... qu'il faudra inscrire sur la Table de correspondance. On pourra ensuite faire varier n, comme on voudra, et la Table pourra encore servir.

En effet, d'après la loi de Mariotte, les volumes conservant les mêmes rapports, les pressions devront aussi conserver les mêmes rapports entre elles,

Soient p la pression qui aura lieu lorsque l'index sera sur o, v le volume de l'air au même instant, p' et v' les mêmes pression et volume pris au moment où l'index est sur 1. Si l'on chasse ou si l'on introduit de l'air, les pressions pourront être, au lieu de p et p', q et q'; mais on aura de part et d'autre

$$p : p' :: v' : v'$$

et

$$q : q' :: v' : v;$$

donc

$$p : p' :: q : q'.$$

On devra d'ailleurs opérer à une température uniforme ou tenir compte des différences.

Si le tube, dans sa partie droite, était parfaitement calibré, les volumes et par conséquent les pressions formeraient une progression géométrique, lorsque les chiffres de l'échelle se trouveraient être en progression arithmétique, et une Table de logarithmes ferait connaître l'un par l'autre.

Pour augmenter au besoin la masse d'air, renfermée dans le tube, il suffirait de placer l'instrument sur le côté ou à plat dans la machine pneumatique. L'index de mercure se placerait dans la partie latérale du renflement du tube, et l'air atmosphérique s'introduirait. On pourrait aussi chauffer l'instrument dans cette position.

Il faudrait avoir l'attention de ne réintroduire que de l'air très-sec, ce qui pourrait se faire en plaçant sous la cloche du chlorure de calcium ou toute autre matière très-avide d'humidité.

Au lieu de rouler le tube en spirale, on pourrait se contenter de le ployer en deux, en forme d'U, ou bien de former trois ou quatre branches parallèles ou davantage. En donnant au tube une grande longueur, l'index aurait des mouvements plus étendus pour des changements de pression semblables, et l'on pourrait ainsi mesurer les résultats produits par un assez faible changement de densité dans l'air de la cloche.

Comparaison de la vitesse de refroidissement de l'air dans la cloche et dans le tube. — Nous supposerons, ce qui, je crois, s'écarte assez peu de la vérité, que la chaleur absorbée est proportionnelle à la surface des corps en contact. De là, on déduira sans peine que les vitesses de refroidissement de l'air dans deux tubes cylindriques seront en raison inverse de leur diamètre.

Si la cloche est considérée comme un tube de 2 décimètres de diamètre, et l'instrument manomètre comme un tube de 1 millimètre, les vitesses de refroidissement de l'air seront dans le rapport de 1 à 200 environ.

Amplitude du mouvement de l'index. — Supposons le tube replié 5 fois sur lui-même et ayant une longueur totale de 1 mètre; une variation de densité égale à $\frac{1}{10}$ dans l'air donnera une marche de 1 décimètre; une variation de chaleur de 1 degré, supposée équivaloir à une variation de densité égale à $\frac{1}{266}$, donnera $\frac{1}{266}$ de mètre, ou environ 3^{mm},70, quantité suffisamment appréciable. Quant au temps nécessaire pour mouvoir l'index de mercure, eu égard à sa masse, si on le suppose long de 1 centimètre, et la variation de pression $\frac{1}{100}$ d'atmosphère, il faudra environ $\frac{1}{6}$ de seconde pour lui faire parcourir 1 décimètre.

Emploi de l'instrument dans la mesure des variations des tensions de l'air sous la cloche pneumatique. — A chaque coup de piston qui dilate l'air sous la cloche pneumatique, lorsqu'on veut faire le vide, il se produit un abaissement de pression et sans doute un changement de température. On peut le déterminer, au moins approximativement, en observant la situation du manomètre d'abord au premier instant après la dilatation opérée, ensuite après un temps assez long pour que la température soit ramenée à son point primitif, celui des corps environnants. La comparaison de la force élastique dans les deux cas conduira à la comparaison des températures.

La température étant revenue à son point primitif, on donnera un second coup de piston, qui raréfiera l'air plus que la première fois, et l'on fera aussi deux observations sur le manomètre avant et après le retour à la température première.

Ainsi de suite.

TABLE DES MATIÈRES.

4628   Paris. — Imprimerie de GAUTHIER-VILLARS, quai des Augustins, 55.